中国社会治理实践理论与创新
——武昌模式

陈伟东等 ◎ 著

中国社会科学出版社

图书在版编目(CIP)数据

中国社会治理实践理论与创新：武昌模式／陈伟东等著．—北京：中国社会科学出版社，2018.7

ISBN 978-7-5203-2783-1

Ⅰ.①中…　Ⅱ.①陈…　Ⅲ.①社区管理-研究-武昌　Ⅳ.①D669.3

中国版本图书馆CIP数据核字(2018)第143828号

出 版 人　赵剑英
责任编辑　梁剑琴
责任校对　沈丁晨
责任印制　李寡寡

出　　版　中国社会科学出版社
社　　址　北京鼓楼西大街甲158号
邮　　编　100720
网　　址　http：//www.csspw.cn
发 行 部　010-84083685
门 市 部　010-84029450
经　　销　新华书店及其他书店

印刷装订　北京君升印刷有限公司
版　　次　2018年7月第1版
印　　次　2018年7月第1次印刷

开　　本　710×1000　1/16
印　　张　13.75
插　　页　2
字　　数　205千字
定　　价　65.00元

名誉顾问：张幸平　刘　洁

学术顾问：向　悦　陈伟东　葛文凯　张金秀

课题组成员：张必春　郑永旭　胡宗山　袁方成

许宝君　吴岚波　马爱菊　梅　雪

杨欣欣　韩　璐　严莉萍　吴永楷

饶材忠　樊春阳　庹　伟　陶慧君

闫　旭　李鸿茜　张　鸣　陈　凌

李　辉　孙瑞蔓

序

社区作为城市最基本的构成单元，是广大人民群众的生活家园，更是我们服务群众、凝聚群众的主阵地。做好社区治理这一源头性、基础性和创新性工作，是深入推进社会治理创新的必然路径，是推动经济社会持续健康发展的重要保证，也是激发经济社会转型升级的新动力。而创新社会治理更是政府治理体系和治理能力现代化的重要内容，也是党的十八届三中全会提出的任务和目标。

随着我国社会转型的进一步推进，基层社会治理正朝着治理主体多元化、治理方式民主化、治理过程互动化的新型社会治理模式转变。但伴随着社会结构的深刻变革和利益诉求的多元化，基层社会建设中的一些问题开始逐渐显露：基层组织功能不强，党组织的政治功能与服务功能没有充分发挥；基层服务效能不高，政府整合社会资源为群众服务的能力有待提升；基层社会活力不够，多元主体参与社会治理的积极性没有充分调动。这也促使我们不断思考，主动探索，寻找有效的方法与途径，提升基层组织功能与服务效能，激发社会的活力，切实增强居民群众的幸福感。

武昌区是辛亥首义之城、湖北省会之区，也是武汉的江南核心区。作为第二批“全国社区治理和服务创新实验区”，在创建过程中，武昌区坚持把创新基层社会治理作为打造民生升级版的关键内容，积极创新，勇于实践，以完善基层社会治理体系、提升基层社会治理能力为主线，以体制机制改革为重点，以整合为路径，加强基层社会整体性建设，探索出了一条具有武昌特色的社区治理新路径。

一是坚持以党建引领为核心促进社会协同善治。武昌区注重发挥党建引领的重要作用，通过辖区大工委、党建联席会、党建互动共治平台等层面进行资源整合，构建区域党建一体化，强化党对基层社会的渗透力、影响力和控制力。做实在职党员进社区活动，创新党员参与社区事务的途径，服务居民群众。积极推进社区民主协商制度化建设，建立健全居民代表大会、居民议事会、“三方联动”联席会、业主大会等议事制度，凝聚社区各方面力量，打造共治共享的社区共同体。

二是以机构改革为突破推进政府职能转变。武昌区持续深化机构改革，区级层面实施大部门治理，街道层面推行“大部制”改革，有效避免了职责交叉、资源分割的问题。大力推进行政执法体制改革，各类执法人员下沉街道、进网格执法，面对面服务居民群众。积极推进网格化管理指挥体系建设，组建网格管理服务团队，彻底打通联系服务群众最后一公里。成立街道行政事务服务中心，下放区级权力、平移街道权力、上收社区权力，审批事项更集中，办理流程更优化，群众办事更便捷。

三是坚持以“三社联动”为主线发展社区社会工作。武昌区通过成立区、街、社区三级社会工作组织体系，构建“一个中心，四个协会，一个基地”社会组织服务网络体系，夯实了社会工作发展的基础。通过开发社区公共服务空间，打造线上线下两个互动平台，满足不同群体个性化服务需求。通过基地孵化、公益创投大赛等措施，激发社会组织发展的活力。通过专业培训、实践锻炼、人才示范、措施激励等方式，社区社工队伍不断发展壮大，专业服务能力不断提升。

四是以资源整合为基础提升社会治理的效益。武昌区注重连接各种社会主体和社会资源，不断提升各类社会力量的参与积极性和主体间的协同程度。有效整合信息服务资源、社区资金投入、基础设施建设和社区民生服务，集约高效配置各类资源，提升社会治理效益。搭建“社企、社社、政社、校社、社媒”等合作平台，有效促进政府、社会组织、社工、企事业单位、高校、媒体以及居民等主体之间的合作，不断提高社会力量的协同能力，激发了基层社会发展的活力。

在基层社会治理探索过程中，不仅仅是我们在努力工作，更有各位领导和专家学者的辛勤付出！在此，非常感谢民政部的领导给予我们的帮助支持，非常感谢各位专家学者给予我们的指导，同时，也非常感谢辖区单位、企业、媒体和武昌各类社会组织与专业社工的一路参与和不懈努力！

不忘初心，继续前行！武昌区将继续秉承“敢为人先，追求卓越”的武汉精神，深入巩固“实验区”创建成果，继续优化整合多方资源，统筹协调安排，整体联动推进，有针对性地破解制约社区建设发展中的新情况、新问题，不断深化城市治理体系和治理能力现代化建设，为全国社区治理和服务创新工作做出更大的贡献。

武汉市武昌区委书记

张幸平

目　录

第一章　总论：武昌基层社会整体性治理模式

自启动“全国社区治理和服务创新实验”以来，在民政部的关心指导和大力支持下，湖北省委、省政府与武汉市委、市政府及其他职能部门深入贯彻党关于创新社会治理，发展社会工作事业的各项部署，带领武昌区委、区政府及相关部门，凝聚辖区社会组织、社区居民委员会、社区居民、社会工作者等多元力量共同推进社区治理与服务创新的实验工作，逐步形成了政府与社区、社会组织、社工“互联、互动、互补”的民生大服务工作格局，探索出了一系列具有启发性、独具武昌特色的典型经验与社区治理新路径。

第一节　武昌基层社会治理的整体性困境

坚持以问题为导向，统筹解决基层社会建设中的突出问题是探索创新基层社会治理的工作起点。当前武昌区基层社会治理面临的最大障碍是碎片化问题。“碎片化”原意是指完整的东西破碎成诸多零块，在社会治理层面上的意义指的是各种治理主体和治理要素的分散、零碎，难以形成整体性治理格局。[①] 如何突破碎片化困境成为加强和创新基层社会治理的重要突破口。[②]

当前学界对碎片化问题也有诸多讨论。王向民认为，在社会事务复杂化、机构分工琐碎化以及主体激励欲求化的情况下，表面的科层

① 李德：《从“碎片化”到“整体性”：创新我国基层社会治理运行机制研究》，《吉林大学社会科学学报》2016年第5期。

② 曾凡军：《基于整体性治理的政府组织协调机制研究》，武汉大学出版社2013年版，第88页。

制结构往往呈现为碎片化的政府形象，政府碎片化是当前中国公共事件发生的重要原因；① 唐兴盛进一步强调了政府“碎片化”是困扰政府效能发挥、影响公共服务水平提升的一个重要体制性问题；孔娜娜指出社区服务也是处在一种碎片化状态，这种碎片化表现为服务信息的碎片化、服务方式的碎片化、服务流程的碎片化，社区公共服务碎片化根源于政府碎片化；杨跃锋、徐晴把社会碎片化分为成分碎片化、利益碎片化和思想文化碎片化三个方面，社会碎片化最主要的负功能就是个体主体性的缺失。由此可见，学者们从不同的角度阐述了社会碎片化的状态及其危害。归根到基层社会方面，这种碎片化现象尤为凸显，突出表现在以下方面。

一　基层政府碎片化，主导能力弱

政府碎片化是指政府部门之间的隔离、不协调、不合作的状态。碎片化政府集中表现为部门之间的隔阂与冲突，并带来两个主要的政府治理失灵：政府内部管理的低效率和资源浪费。我国政府部门实行“条条管理”为主、“块块管理”为辅的原则，政府管理存在“条块分割”的问题，部门之间边界不清、权责不明，经常出现工作的重复化和空白化，部门之间缺乏沟通和合作，责任感较为低下。各部门以自身利益为重，忽视集体效益和社会效益，社会治理资源分散，社会治理碎片化现象严重，政府主导能力弱。武昌区基层治理主体在行政分工、服务供给等层面也存在机构设置不合理，权责划分不明，社会治理资源分散，审批程序冗余繁杂，部门“衙门化”、街道“机关化”、社区“行政化”的问题。② 尤其是各职能部门的信息系统孤立、分散，管理碎片化，相互之间不能实现数据传递和共享，造成基础数据重复采集、多个信息系统重复录入、信息孤岛问题严重，数据不一致、不准确等情况时有发生；同时，在推进街道“大部制”改革过

① 王向民：《碎片化政府是公共事件发生的重要因素》，《探索与争鸣》2013 年第 12 期。

② 陈伟东、尹浩：《“多予”到“放活”：中国城市社区发展新方向》，《社会主义研究》2014 年第 1 期。

程中，区、街道与社区各自分担的治理与服务事务长期处于杂糅的状态，出现了新的体制衔接不畅、行政界限不清、职责分工不明的问题。[①]

二　社区组织碎片化，引导能力低

社区是社会的基础，但在空间结构、利益关系和治理架构等方面逐渐处于一种碎片化的状态，给社会治理带来了严峻挑战。社区碎片化主要体现在社区组织的碎片化，突出表现在：一方面，社区社会组织间缺乏网络协调机制和交流共享机制，常常因争夺有限的公共资源，产生彼此隔离、恶性竞争行为；另一方面，业主委员会与物业管理公司之间矛盾重重，居民难以享受到高品质的物业服务。这些矛盾、冲突和隔阂导致了社区组织的碎片化，最终致使其组织动员能力低，难以调动居民有序参与。[②] 尤其值得注意的是，从武昌区自身建设的实践来看，作为基层社会治理的领导者——基层党组织分散，统筹能力明显不足，凝聚能力较为欠缺，组织自身的政治功能和服务功能没有得到充分发挥。群众对基层党组织的亲近感、信任感、认同感没有与城市经济社会发展同步提升，一些基层党组织凝聚力不强，基层党组织书记在群众中还做不到“一呼百应”。

三　居民参与碎片化，自治能力低

居民参与碎片化宏观上表现为个人之间联系的弱化、个人与公共世界的疏离以及由此而衍生出来的个人与国家距离变远、道德规范失灵等一些基本的社会联结被破坏的现象；微观上主要表现为，居民对公共事务漠不关心，参与热情不高，并且往往只是一种“表演性参与”或“仪式性参与”，个体化被动参与较多，群体参与不足。事实表明，随着居民个体意识增强，参与意识却有所衰减，公共精神和公

---

① 周红云：《社会管理创新》，中央编译局出版社 2013 年版，第 8 页。

② 郑晓茹、刘中起：《城市社区治理中权力秩序的重构：文件治理何以可为?》，《内蒙古社会科学》（汉文版）2017 年第 5 期。

共价值有所缺失，居民社会关系和社区行为碎片化迹象广泛存在。[①]具体而言，一方面，社区归属感不强。居民被分割到不同行业和不同单位中，单位意识仍旧浓厚，社区归属感不强，“事不关己，高高挂起”的心态普遍存在。居民在社区仍旧是一盘散沙，个体化、原子化、关系网络碎片化特征明显，社区整合凝聚能力不强，生活共同体未能形成；另一方面，居民组织化参与少。当前居民个体化参与多，组织化参与少，参与碎片化现象严重，参与组织化水平低，因而无法有效凝聚共识和行动，参与效果不理想。武昌区基层社会治理的突出难题就在于多元主体参与的缺失。社区居民尤其是在职人员参与社区治理的意识淡薄、热情不高。居民参与民主协商渠道不畅，平台搭建不完善，组织载体不健全，非法制化维权事件时有发生。

四　社会力量碎片化，协同能力低

社会协同就是要发挥各类社会组织的作用，整合社会管理资源，积极推动政府管理力量与社会自治力量互动的社会协同管理网络。社会组织的主体性是协助社区居民委员会学会向居民赋权增能的方法。[②]社会组织包括社会服务机构、企事业单位、基层自治组织等。[③]但是，当前社会力量和社会资本进入公共服务领域途径不多、深入不够，社会力量呈现出碎片化状态。突出表现在：一是社会组织力量不足。社会组织力量薄弱、孵化机制不健全、发展后劲不足，普遍存在缺乏稳定的资金来源、高素质的专业人才队伍、良好的内部治理结构等问题，难以有效承接政府公共服务和回应居民现实需求。二是社会工作者数量不足，专业化程度低。由于社会工作者的社会认可度不高、相应的管理体制不健全、激励保障制度不完善等，愿意从事社会工作的

① 赵媛：《社区居民参与中的政府角色定位——基于工具理性分析框架》，《西南农业大学学报》（社会科学版）2013年第10期。

② 陈伟东：《居民主体性的培育：社区治理的方向与路径》，《社会主义研究》2017年第4期。

③ 张正州、田伟：《政社整合：城市社区自治组织的再造尝试——基于XL社区网格化管理服务改革实践》，《中共福建省委党校学报》2017年第9期。

人员不多，社会工作者严重不足；同时，受学历层次不高、年龄结构不合理、社会工作经验不足、常规性培训缺失等因素限制，社会工作者的专业化程度较低，不能较好地运用专业的社会工作方法和技术开展工作，这在一定程度上影响了治理创新在基层的落实。三是社会力量互动缺乏，协同效率低。辖区企事业单位缺乏参与热情，社区居民委员会与辖区企事业单位缺乏沟通合作，对驻区单位的有效统筹协调能力不足，两者之间共驻共建的常态化机制未能形成。不同社会组织之间也缺乏协同，未能形成服务合力。四是社会资源碎片化。由于缺乏各种社会力量参与社会治理的联动机制，一些社会资源投入分散、重叠或有遗漏。社会力量碎片化导致其社会协同能力低，无法适应社区利益主体多元化、公共产品需求多元化的要求。

第二节　武昌基层社会整体性治理模式

针对基层社会治理碎片化的四大问题，武昌区以完善基层社会治理体系、提升基层社会治理能力为主线，以体制机制改革为重点，以整合为路径，通过四个维度，探索出了“基层社会整体性治理模式”（见图 1-1）。具体说来，通过基层党建整合，打造整体性党建，提升

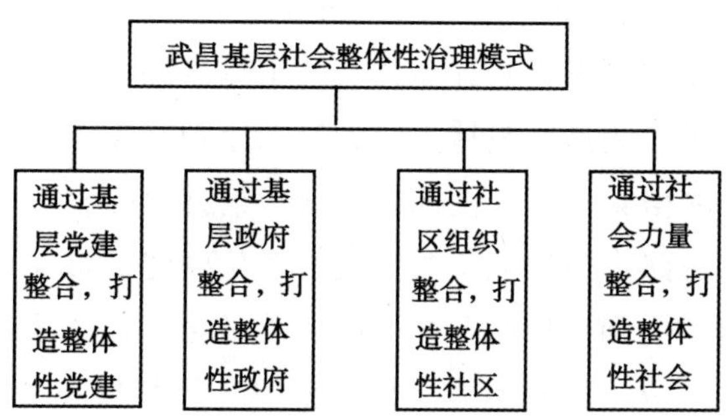

图 1-1　武昌基层社会治理模式

基层党组织的凝聚能力；通过基层政府整合，打造整体性政府，提升政府的主导能力；通过社区组织的整合，打造整体性社区，提升社区组织的协商能力；通过社会力量整合，打造整体性社会，提升社会力

量的协同能力，促进基层社会治理体系和治理能力现代化。

一 通过基层党建整合，打造整体性党建

加强和创新基层社会治理要以基层党建为引领，充分发挥基层党组织的战斗堡垒作用和党员干部的先锋模范作用。但是，目前基层党建存在碎片化问题，其主要表现在基层党组织分散和基层党员分散两个方面。由此导致基层党组织之间、党员之间以及党员与党组织之间的关系较为疏远，党员的参与意识不强，党组织的凝聚力减弱，难以发挥基层党组织的领导核心作用。武昌区针对基层党建碎片化问题，各个街道党工委、办事处坚持党建引领，着力构建区域党建一体化、编织社会治理一张网，努力整合基层分散的党员，整合各类党员的参与资源、参与平台和参与行动，初步形成了基层整体性党建格局。

第一，健全区域化党建的组织整合机制。首先，充分发挥基层党委在基层社会治理中的领导核心作用。武昌区委、区政府把社会治理创新列为1号工程，成立由区委书记任组长，区政府主要领导为第一副组长，区委组织部主要领导、区政府分管领导为副组长，相关职能部门为成员的领导小组。领导小组对基层社会治理创新任务细化、分解，制定了区党政班子成员社会治理创新责任清单。区委常委会每月专题研究一次社会治理创新工作，每3周在街道召开一次现场推进会，形成了党委领导下党政齐抓共管的工作格局。其次，完善区域化党建的组织体系。武昌区坚持纵向到底的原则，建立“街道大工委—社区大党委—网格党支部—楼栋党小组—党员中心户”五级架构；依托横向到边的思路，街道党工委与驻区单位联建区域化党组织，健全了以社区党组织为领导核心，社区居民委员会、业主委员会、物业服务企业、驻区单位、群众团体、社会组织共同参与的“1+6”区域化组织体系和社区治理模式。再次，推进区域化党建联席制度。武昌区通过实行定期例会制、包点联系制、党建联络员制等方式建立健全区、街、社区三级党建联席会。区党建联席会对街道社区党建工作进行统一规划、协调和管理；街道党建联席会负责组织辖区党委开展社会性、地区性、公益性活动，共同研究辖区党建工作的重点、难点问

题，指导社区党建联席会开展活动；社区党建联席会定期召开，研究解决实际工作运行中的问题。最后，健全区域化党建平台。社区党组织坚持正面引导，在管理中强化服务，在服务中加强管理，精心搭建平台，畅通社区党员、骨干发挥作用的渠道。目前基本上形成了区域党建协调委员会、党建联席会、社区议事会三大制度性平台。

第二，健全区域化党建的互动共用机制。首先，实现资源整合。建立资源共用、党建共抓、工作共推的一体化整合体系，实现公共资源服务群众的价值最大化。一方面，通过收集驻区单位的组织、经济、信息、人才、场地等资源，建立特殊人才、公共资源、需求信息库，并每年在“共驻共建网”发布一次可共享资源清单及需求资源项目，供需双方依托互联网精准对接；另一方面，社区“大党委”与驻社区单位党组织签订共驻共建协议，建立驻社区单位参与社区治理的责任约束和考核评价机制。驻社区单位的大工委、党建联席会、党建互动共治平台在整个街道层面进行资源整合。其次，搭建街道层面4个平台。一是决策平台。街道大工委对区域内社会性、群众性、公益性工作进行决策，充分发挥街道大工委的决策性和指导性作用。二是参与平台。党建工作协调委员会吸纳辖区内单位、社区、楼宇党委、社会组织、人才市场、物业企业等党组织负责人参加，进而扩大党员参与活动的范围。三是联系平台。楼宇党建联盟吸纳各楼宇党委参加，就楼宇间开展合作进行研讨并组织实施，增强楼宇之间的联系。四是协商平台。项目化区域党建联席会建立开发商、承包方、监理方、社区参与的协商议事平台，实现各方的有效沟通和联络，从而促进资源共享。

第三，健全区域党员社区参与机制。武昌区不断开展和深化在职党员进社区等“生根社区”系列活动，积极做好联系和服务群众工作。结合党员个人特点设定11个活动载体，组织全区1.5万余名党员认领服务岗位、认领居民群众“微心愿”，在参与治理中增进党群情感、在服务群众中履行社会责任。党员积极引导社区居民制订并遵守《社区公约》，有效发挥社区居民自我管理、自我教育、自我服务的作用；带头挖掘社区文艺骨干，组建社团组织，带领居民逐渐走出

“猫眼”看人的狭小世界，在文化活动中增进居民对社区的认同感。通过推进“在职党员进社区”活动，充分发挥了党员先锋模范作用，调动了党员和群众参与社区事务、共建文明和谐的幸福社区的积极性。

通过整合基层党建，健全了区域化党建的整合机制，有效整合了辖区内各类服务资源，在很大程度上提高了党员的社区参与度，发挥了党员的示范带头作用，增强了基层党组织的威信，有效提高了基层党组织的凝聚力，为基层社会治理奠定了坚实的领导基础。

二　通过基层政府整合，打造整体性政府

基层政府整合就是要解决政府碎片化问题，解决政府职能部门之间协调沟通不顺畅的问题，其目的在于，整合政府职能和机构，形成整体性政府以解决错综复杂的社会问题，提升社会治理效益。武昌区按照大经济、大建设、大城管、大民生、大文化、大监管的理念，出台《关于深化中心城区街道行政管理体制改革的实施意见》，不断整合政府机构、职能、资源以及行动，切实提高政府科学管理水平。武昌区基层政府整合包含区级政府和街道两个层面。

第一，区级政府整合。首先，实行大部门治理。积极整合民政、老龄委、残联、社区教育学院等部门的职能和资源，成立民政事务管理委员会，统筹和协调全区大民生工作，统筹全区基层社会治理及服务体系工作，加强全区社会组织管理工作等。将区经济和信息化局、区科学技术局、区交通运输局的相关职能整合，组建区科技和产业发展局；进一步整合城管、园林、交通、环保、水务等执法资源，成立城市管理综合执法大队，实行集中统一综合执法。积极推进市场综合监管体制改革，合并区工商、质监等市场监管职能，组建工商行政管理和技术监督局等，提升市场监管效能。其次，统筹社区资金经费投入。建立和完善社区经费保障机制，将社区党建、社区治理和社区建设经费纳入区财政预算，逐步形成与地方财政同步增长机制。全面整合组织、综治、民政、人社、城管、房管等部门对社区投入的专项资金，由财政部门负责归口，直接拨付给街道统一管理，财政和审计部

门负责对资金使用情况进行监督，提高社区建设资金的使用效率。建立财政资金、公益创投、社会捐赠资助、辖区单位共建等多元投入机制，规范社区经费使用监督管理办法，确保社区经费专款专用、落实到位，有效提高社区建设资金的使用效能。再次，统筹社区基础设施建设。出台《关于统筹推进社区基础设施建设工作的实施意见》，由区社区办牵头，统筹协调区建设、城管、综治、水务、园林、房管等部门，统一研究制定社区基础设施建设项目。2013—2015 年，统一调配社区基础设施建设资金 1.3 亿元，整合“大城管”、幸福社区创建、老旧物业社区提档升级等各职能部门的工作资源，集中力量推进社区基础设施建设。通过整合各职能部门的财力和各类资源，缩短了招投标和施工的周期，形成了“政府总引领、职能部门监督、街道社区主导、专业团队运作、社工指导、居民参与”的项目化运作的工作新模式，有效提升了居民群众的满意度。最后，统筹社区民生项目资源。通过“契约式”管理理念和“参与式”治理方式，对社区事务和公共服务项目进行分流，清晰列明政府、社区网格员、志愿者等职责清单，各司其职，服务群众。① 把居民养老、卫生服务、精神文明建设、社区环境建设等统筹起来，在工作安排、项目规划等方面切实加大统筹、调配力度。建立直接服务社区承诺制度，区涉及社区民生工作的职能部门在社区公示服务项目、工作标准、责任联系人及电话，限时解决社区居民遇到的困难和问题。建立并落实社区课堂清单制，每年举办社区大讲堂活动，同步规划、同步推进社区教育学院和社区老年教育、社区科普教育，打造“家门口”的社区教育阵地，满足居民群众的多元化、多层次的精神文化需求。

第二，街道部门整合。首先，实行大部门制。武昌区全面深化街道行政体制改革，推行“大部制”，坚持系统治理。所有街道内设机构按照“4+2+2”模式设置，即全区统一设置党建办公室、公共管理办公室、公共服务办公室和公共安全办公室，街道层面再内设区域发

① 蔡建旺：《参与式社会治理的温州三重奏——基于社会组织的视角》，《中国民政》2014 年第 5 期。

展办公室、党政办公室两大机构，另设置街道网格化管理指挥中心和街道行政事务服务中心两大街道服务平台，以应对辖区内城市管理、市场监督、社会治安和公共服务等方面的问题，承担与居民密切相关的行政管理和公共服务事项办理的工作。其次，成立行政事务服务中心。为整合行政服务资源，优化审批和办事流程，方便居民群众办事，减少社区行政负担，武昌区将原来在区级层面办理的部分行政审批服务事项向街道下沉，将街道行政服务事务进行优化整合，在全区各街道设立行政事务服务中心。中心建立服务通用目录和项目清单，明晰各类服务的办理条件、工作程序、办结时限和服务责任，推行“全科政务服务”制，实现“一窗多能、全科服务、全区通办”。目前各街道行政服务中心通过授权、委托、代办等方式，为居民提供劳动就业等82项行政服务，其中40项为即办件，42项为流转件。行政服务中心的建立使政务服务资源区、街道、社区向街道中心一站聚集，有效地整合了政府各类服务资源。

通过基层政府机构和职能的整合，最大限度地避免了政府职能交叉、多头管理的弊端，理顺了部门之间的权责关系；同时，提高了公共资源的使用效率，有效地解决了资源分散、效率过低的问题；此外，强化了街道的公共服务功能和街道各部门协同能力。更为重要的是，通过基层政府的整合，初步理顺了区、街道、社区之间的关系，使政社互动得以实现。

三　通过社区组织整合，打造整体性社区

社区组织包括社区物业公司、业主委员会、社区社会组织、社区自治组织等。针对社区组织碎片化问题，武昌区通过多种方式大力整合社区居民委员会、业主委员会和物业公司三者的冲突和利益，合理规划和整合公益类、服务类、维权类、文体类、保健类等各类社区社会组织，努力打造整体性社区。

第一，建立三方联动机制。三方联动指居民委员会、业主委员会、物业公司三方联动。武昌区坚持多措并举，不断完善联动服务机制。首先，建立党建引领三方联动机制。在物业公司、业主委员会中

建立非公党支部和临时党支部，并将它们纳入社区党组织的领导范围，通过社区党组织把社区居民委员会、业主委员会和物业公司联系起来，党建在三方联动中起到核心驱动作用。其次，成立交叉任职机制。建立居民委员会、业主委员会和物业公司的交叉任职机制。如居民委员会成员受聘物业公司服务品质监督员、物业公司经理兼任居民委员会副主任，居民委员会成员竞选业主委员会委员。通过交叉任职，建立三方联动的组织机构，形成组织保障。再次，建立“互联网+”三方联动机制。借助“互联网+”的契机，将三方联动搬到网络上，提升联动效率。如将社区居民委员会、业主委员会和物业公司的服务内容全部搬到网上，搭建格格在线、掌上物管、业主天地模块，将各方服务内容网络化，各方需求可以在网上提交，相关方面会及时网络受理，打破了实体性联席会制度受时间、空间的约束，提升了三方联动的效率。

第二，推进社区多元治理。积极引导社区、辖区单位、社会组织、社区居民有序参与社区治理，推进社区多元主体共同参与社区自治管理。[①] 首先，扩大参与主体。武昌区突出参与主体的多样性，注重吸纳威望高、办事公道的老党员、老干部、居民群众代表、党代表、人大代表、政协委员、驻社区律师、社区民警、专业社会工作者以及其他利益相关方参与社区治理。其次，建立社区民主协商制度。一是科学界定协商范畴，坚持“六议四不议”原则，广泛征集协商议题，并对协商事项进行归纳整理，划分成类。二是采取居民理事会、小区协商、业主协商、居民决策听证、民主评议等多种形式广泛开展协商。三是按照“收集议题、确定议题、公示公告、组织协商、结果运用”的五步议事流程规范协商程序，保障有序协商。使社区协商议事做到协商有计划、议前有公示、议后有处理、落实有督导、结果有评定。四是建立协商成果落实执行机制。针对经过社区协商讨论的公共议题，建立成果落实执行机制，明确路线图、时间表和责任人，敢于较真碰硬，以严的要求、严的标准，推动成果落实。武昌区

① 程李华：《城市社区多元治理模式的构建》，《长白学刊》2013年第4期。

不断通过由街道大工委、社区大党委制度，以及共驻共建单位、业主委员会、社会组织党建机制组成的“两制度、三机制”推进社区协商的覆盖和延伸。再次，拓宽参与渠道。搭建议事决策平台、项目执行平台和评议监督平台等协商平台，开辟三社联动联席会、三方联动联席会、业主大会、共驻共建联席会和居民议事会等协商渠道；同时，根据事项内容，实行分类处理。对属于社区职责范围内的，交由社区党组织、居民委员会、业主委员会等相应社区组织办理；对超出社区职责范围的，报街道办事处相关部门研究确定责任方；超出街道办事处协调范围的，由街道办事处报相关单位解决。

通过社区组织整合，社区党支部、社区居民委员会、社会组织、社区居民等治理主体通过项目化的服务，利用专业社会工作方法，建立了互动表达机制、多元协作机制。[①] 各主体相互促进、嵌入制约、协同发展，主体性和能动性得到发挥，社区问题协调能力和问题处置能力得到明显提升，在很大程度上提升了社区组织服务居民的能力。

四　通过社会力量整合，打造整体性社会

社会治理要鼓励和支持社会力量参与，实现政府治理和社会自我调节、居民自治良性互动。但目前社会力量呈现碎片化状态，社会协同治理能力不强。武昌区针对这些问题，注重连接各种社会主体和社会资源，搭建政府、社会组织、企事业单位、高校、媒体以及居民的合作平台，同时不断整合基层社会各类治理资源，提升各类社会力量的参与积极性和主体间的协同程度，打造整体性社会，提高社会力量的协同能力。

第一，通过政府投资撬动社会资源。武昌区在实验区建设过程中，贯彻有限政府的理念，通过政府投资撬动社会资源，实现了公共服务供给的社会化，提升了公共服务供给效率。首先，利用区级孵化基地和街道社会组织服务中心引入、培育、孵化社会组织。武昌区建立了华中地区首个区级社会组织孵化基地，在部分街道层面建立了社

① 蓝宇蕴：《转型社区的“总体性”组织及其破解》，《学术研究》2016 年第 11 期。

会组织服务中心，为社会组织的发展提供办公场所、资源、技术等方面的支持；同时引入一些合适的专业社会组织，为居民提供服务。其次，社会组织连接社会资源，提供差异化服务。在公共服务供给上，武昌区通过向社会组织购买服务等方式，把社会组织的人力、财力、物力资源充分利用起来，为居民提供差异化服务。如对公办养老机构采用公建民营、政府购买民营养老机构床位和服务等方式，引入专业社会公益组织和社工机构参与养老机构的运营管理，提供专业又有针对性的养老服务。

第二，通过政校合作整合高校资源。武昌区政府积极搭建政校合作平台，各街道居民委员会分别与武汉大学、华中科技大学、华中师范大学、武汉理工大学等八所在汉的“985、211”高校签订校区街合作共建协议。首先，通过政校合作整合高校智力资源。政府为高校专家提供信息、经费等方面的支持，专家则站在全国的高度为社会组织孵化培育、社会组织参与社会治理、三社联动等基层社会治理问题提供专业咨询、培训和研究等方面的智力和技术支持。其次，通过政校合作整合高校人力资源。建立大学生公益人才、高校志愿者与社会组织的合作平台。依靠该平台，高校专业人员、大学生志愿者能够通过社区社会组织进入基层社区实践。高校学生一方面能够把所学专业知识运用到社会实践中，在参与社区治理中充分发挥自身优势；另一方面也推动了社区社会服务的专业化。双方互利共赢，共同发展。

第三，利用三社联动整合社会资源。武昌区积极构建以群众需求为导向，以社区为基础、社会组织为载体、社会工作者为支撑的“三社联动”社会资源整合模式。首先，利用三社联动整合专业社会组织资源。以居民需求为导向，引入专业社会组织进入社区，依靠他们的专业知识和技术为居民提供专业化、多元性、个性化的服务。通过政府购买服务的方式，委托专业社会组织——江苏乐仁乐助公益发展与评估中心对孵化基地进行技术托管，同时通过抽调或聘用方式组建本土运营团队参与学习运营管理。武昌区先后和恩派公益组织发展中心、武汉市博雅社会工作服务中心、武汉市爱熙社会工作服务中心、武汉市楚馨社会工作服务中心等机构在社会组织培训、社工培养、社区社会组织孵化等方面全面合作。如引入博雅社工提供社区矫正、心理干预等专业性服务，引入生命阳光公益救助中心开展公益救援、应急救护培训等专业性服务。这种以居民需求为导向，整合社工机构资源为居民提供服务的方式成为武昌区一种新的社会服务供给模式和社会工作动员模式。其次，利用三社联动调动社会资源。通过社工和社区联动，社工和社会组织联动，充分发挥社区居民委员会的资源整合和调动能力，将不同类型的社会组织整合到社区中来为居民提供服务。如杨园街电力新村社区的道能幸福食堂和南湖街中央花园社区的“1+1 便民服务中心”都得到了社区居民的一致好评。道能幸福食堂为老年人提供一日三餐，每天 10 元，荤素搭配，得到了社区老人的广泛好评。“1+1 便民服务中心”以中央花园社区居民日常生活需求为基础，每月固定时间为居民提供助餐、助洁、助行、助急、助医、维修、快递、代购等服务。

第四，政府搭建平台整合企事业资源。武昌区不断完善公益服务机制，开展共驻共建活动。这既为企事业单位承担社会责任、拓宽社会资源提供了良好的平台，又整合了企事业资源，为社会治理创新和社区发展提供了强有力的保障。首先，建立社区公益服务资金多元筹资机制，引导企业承担社会责任。由政府搭建平台，积极引导有能力的企业家与社区社会组织共建共营，实行资源共享。武昌区通过举办活动洽谈、论坛交流、社会组织博览会项目成果展示等活动，邀请企业人士参观社会组织，相互交流，感受服务成效，主动投资，支持社会公益事业。如武汉融侨置业有限公司于 2015 年、2016 年共捐赠善款 400 万元支持武昌区公益慈善项目。其次，倡导事业单位开展共驻共建活动。号召驻社区的事业单位开放公共资源，积极开展社区共驻共建活动。很多社区充分利用社区驻区单位的设施和资源开展活动，充分发挥辖区单位人才、信息、场地等方面的优势，最大限度地实现社区内人力、物力、财力的整合利用，共同推进社区发展。

通过整合基层社会力量，社工队伍的活力空前高涨，社会组织能力明显加强，为居民提供了多样化和个性化的服务；同时，通过整合社工机构资源、公益慈善资源、企事业单位资源，增强了社会力量的协同能力，激发了居民参与意愿，拓宽了居民参与渠道。[①]

问题预示着方向。碎片化既是武昌区基层社会治理面临的典型问题，又是全国基层社会治理面临的普遍性问题。武昌区针对实际问题，着眼于政府内部机构和部门的整体性运作，主张从分散走向集中，从部分走向整体，从破碎走向整合。通过不断整合基层党建、基层政府、社区组织和基层社会力量，探索出了基层社会的整体性治理模式，初步形成了“党委领导、政府主导、社会协同、公众参与”的社会治理格局。这既是武昌区基层社会治理的典型经验，也为全国各地基层社会治理提供了可参照路径。

① 曹海军：《“三社联动”的社区治理与服务创新——基于治理结构与运行机制的探索》，《行政论坛》2017年第2期。

第二章　整合基层党建，提升凝聚能力

2013 年至今，武昌区以党的十八大，十八届三中、四中全会和习近平总书记系列重要讲话为指导，深入推进基层党组织建设，构建科学、规范、高效、有序的基层党组织体系和党建工作格局。充分发挥基层党组织的战斗堡垒作用和党员干部的先锋模范作用，不断提升区域化党建工作水平，以党建引领提升服务效能，为推进社区治理创新奠定了坚强的组织保障。

第一节　基层党建整合要解决的主要问题

改革开放以来，“一切以经济建设为中心”的发展取向，在一定程度上忽视了基层党建的重要性。党的基层组织是党的全部工作和战斗力的基础，是党的组织体系的有机组成部分，它直接建立在社会基层组织之中。一般来说，区域党组织包括区委、街道党工委和社区党支部，伴随着城市政权的发展而发展。目前基层党建整合面临着以下几个方面的问题。

一　社区党组织建设与社区发展不适应

2013 年至今，武昌区的社区党建工作开展得比较好，取得了一些进展和成绩，并且累积了一些经验。但是总体而言与新形势下的党建新任务和新要求不适应，在工作中暴露的矛盾和问题比较突出。进一步探讨武昌区的党建整合问题，对于武昌区的社区党建、推动社区治理创新有着重要的现实意义。

（一）社区党建管理体制与社区发展的新形势不相适应

随着武昌区的社区发展进程加快，下岗职工、外来人口和流动人口大量增加。这些单位和个人分属不同的层级，行政上互不关联，管理上条块分割比较明显。社区党组织横向协调和纵向领导的权威性较小，在承接党委政府工作、参与社区共建中，难免遭遇责任不清、推诿扯皮的困境。这种条块分割的局面带来的服务能量相对不足、共建意识还很单薄等问题已经成为制约社区党建工作的瓶颈和壁垒。

（二）社区党员的整体素质与社区党建工作发展不相适应

社区党员存在政治理论水平不高，政治敏锐性不强的问题。他们的宗旨观念淡薄，服务意识淡化。目前，社区党员干部由离退休人员、失业人员、未就业人员和异地流动党员等组成，党员干部队伍的结构和力量配备不尽合理。除此之外，社区党员干部还存在不善于学习、不会学习和以工作为借口疏于学习的问题，从而造成了新知识和新技能掌握得不多，知识面偏窄、知识结构单一，工作显得力不从心，无力主动开展和进行创造性的工作。

（三）社区党建经费投入与党建工作的任务和承担的职能不相适应

当前，武昌区的社区党组织承担着领导、协调社区各方工作的任务，党建工作的覆盖面呈现扩大的趋势，党员管理任务日趋加大，党建工作活动经费短缺已经是一个普遍存在的问题。完善社区党建工作设施、开展社区党组织活动和党员培训教育等需要大量资金投入，政府各部门把职能任务过多地延伸到社区党组织，而政府和各职能部门却很少给予资金支持，导致了社区党建在财力和物力上更加捉襟见肘。在没有充足的资金支持的情况下党建工作很难开展，这种经费有限、事务繁多的问题阻碍着社区党建的发展。

二　基层党组织的执政能力有待增强

在整个社会发生大分化和大变迁的背景下，基层党组织面临着巨大的外部压力和挑战。如果基层党组织不能相应地调整自己的执政方式，改进自身和社会的关系，必然会面临着更大的外部以及内部的压力，而这种压力是不以人的意志为转移的。具体来说，这种挑战在社会层面上的表现，是社会结构的分化使社区成为具有许多层次的多元的社会结构，这一结构由许多处于不同地位、拥有不同权利以及肩负一定职责的社会群体组成。社会分化在促使社会结构功能更加完善、更加充满活力的同时，也使社会结构更加多样化和复杂化，[①] 从而给社会稳定工作带来了一定的难度。

社会分化及社会变迁等外部的因素，给基层党组织的建设带来了不可忽视的影响。总的来说，提升基层党组织的执政能力和水平面临着以下问题：

（一）基层党组织的权威性、稳定性弱化

现代化进程发生以前，我国传统的社会结构是一个高度刚性而且具有很大同质性的封闭型结构，我国的党组织有着很强的权威性，在人民群众心中的形象非常高大。随着社会分化的产生和人口的流动性增强，党的领导威严大不如从前，人民群众对党组织的归属感相对薄弱。

（二）社会发展对基层党组织提出新要求

随着人民群众的社会地位的重新整合与排序，一部分群众因成为社会的新生力量而对党组织的工作和能力提出了新的要求，基层党组织的建设不但有其根深蒂固的领导宗旨与核心力量，同时还要顺应时代和经济政治发展的潮流，切实做到为人民服务和贯彻以人为本的精神。

（三）社会分化中基层党组织面临压力与挑战

随着原有的社会规范和社会交换规则的瓦解，在社会分化中，社会规范也会随之不同程度地进行分化和瓦解，在实际分化的过程中，社会规范的分化速度会比较慢，必然会导致新旧规范相互冲突和脱节，在社会实践领域表现为社会秩序的相对混乱和无序，从而对我国的基层党组织建设产生负面影响，使基层党组织建设面临着巨大的压力。以上的社会问题导致的社会结构失衡与冲突，给基层党组织建设

① ［美］加布里埃尔·A. 阿尔蒙德，小 G. 宾厄姆·鲍威尔：《比较政治学：体系、过程和政策》，曹沛霖等译，上海译文出版社 1987 年版，第 24 页。

工作带来的困难是不可忽视的。社会分化并不是与社会结构要素同步同时发生的，它们具有一定的异步性和不均衡性，这种不均衡性如果发展到一定的程度仍得不到有效的整合的话，就会导致新的结构性失衡①和冲突的出现，从而成为危害社会稳定的障碍因素。

三 基层党组织和党员过于分散

随着社会经济的不断发展，以及人口的不断增多和流动性的增强，使得党员分布在全国各个地方，基层党组织也分布在各个地方，相互之间没有必然的联系和沟通。对于基层党组织来说，现在面临和亟须解决的问题主要有两个方面。

（一）基层党组织分散

基层党组织分散在各个地方，互相没有联系，与党员的关系较为疏远，难以发挥基层党组织的领导核心作用，导致党组织的凝聚力减弱。要加强基层党组织内部的凝聚力，建设学习型的党组织。利用党员的业余时间，统筹个人的时间抓紧学习，从理论学习、政治教育到党团活动各个方面都要落实到位，并且积极安排基层党员结合自身实际自主组织各种学习活动，加强基层党组织的领导力量，使得党员在党组织分散的情况下还能够用灵活多样的方式提高学习效率，丰富自己的内心世界。

（二）基层党员分散

党员参加活动、履行党员义务时积极性、主动性不够，参与意识薄弱，在工作和学习中没有发挥党员的先锋模范作用，现如今，每个党员都是一个个体，分散在不同的单位和区域中，党员的分散导致党员存在慵懒和不积极的心态，在遇到问题和矛盾的时候不能够积极主动地去解决，并且在工作中不善于发现问题，缺乏学习的精神，党员要在学习中，研究问题、探索规律和提高党组织建设的积极性。所以，基层党组织建设存在着不可忽视的问题，要辨别和认清其中存在

---

① 付诚：《公民参与社区治理的经验与民主实现形式》，《社会科学战线》2015 年第 12 期。

的主要矛盾和问题，从而发挥基层党建在社会治理中的引领性作用。

四 社区党组织的积极性不高

社区党组织肩负着引领社区发展的重要职责，但是在实际的工作中，存在缺乏热情和积极性不高的问题。由于社区党支部委员会与居民委员会功能重合，两者在工作内容上是基本相同的。党支部书记的职责是对社区进行综合治理，与其他的居民委员会成员一起，分工负责各项的管理，从事大量的居民委员会工作。书记与其他的居民委员会干部一样在应付各种各样的会议，或是主持会议，并在大会上做主题发言，发言的内容都是与居民委员会工作相关。两者的角色模糊不清，权责不明，不利于社区党支部战斗堡垒作用的发展，对社区党支部的工作产生了消极的影响。

（一）党组织本职工作开展得不积极

由于社区党组织承担了大量的具体性行政职能，工作负荷较大，而本来应当承担的本职工作，比如，组织发动党员，正确贯彻执行党的路线、方针、政策以及上级党组织的指示和决议，完成上级党组织布置的各项具体工作任务等，就可能开展得不够充分。这在很大程度上影响了党组织功能的正常发挥，使我国执政党在基层社会无法充分发挥其组织优势。

（二）党组织建设缓慢

基层党组织的任务包括区—街—社区党组织联动机制建设，社区党组织与辖区单位党组织资源共享机制建设，新经济增长、新型经济组织和新型社会组织的党建工作等。由于党组织承担了大量的行政职能，影响了以上党组织建设工作的开展。

（三）党组织和行政组织职能混淆

执政党的基层组织最大的组织优势在于其特殊的社会性，是与行政组织不同的，不是非社会的外部力量，其中最基础的党组织深入社会基层，本身就是社会力量的体现。由于党组织在社区中承担了相当的行政职能，使得党组织的这一定位发生了混淆，也给普通党员和群众造成模糊认识。如果党组织和行政组织职能雷同，实际上就会被视为另一种行政组织。在党支部力量较弱的居民区中，政党系统和权威有可能被自治系统的权威所置换。党组织在基层社会的准确形象定位，是社区党组织进一步开展活动的基础，由于功能交叉混淆引起的形象模糊问题，必须通过功能的界定加以解决。

第二节　基层党建整合的内容

武昌区的基层党建整合需要从党组织内部到基层党组织机制等方面着手，结合社区的发展情况，完善社区治理创新体系。社区建设必须坚持党的领导，加强社区基层党组织的建设是实现党在社区的领导的可靠保证。要在社区建设中做好社区党建，完善社区内部的党组织体系，强化党对基层社会的渗透力、影响力和控制力。武昌区基层党建整合主要包含社区党建与街道党建的整合、分散党员的整合、党员参与资源的整合等方面的整合，强化武昌区的党建引领的重要作用。

一　促进社区党建与社区建设的融合

社区建设必须要加强党的领导。为了加强基层党组织建设对于社区建设的引领性作用，改善社区党组织建设管理体制与社区发展的新形势不相适应的问题，就必须要把整合基层党组织的措施提到日程上来，就要将社区党建与社区建设和发展的工作结合起来，使二者的工作任务和方向能够协调起来，在基层党建的带领下推动社区建设，从而提升基层党组织内党员的整体素质，妥善完成社区党建的工作任务，使社区党组织的建设与社区发展情况相适应。武昌区的社区建设与社区党建是密不可分的，武昌区重视党的基层组织建设，发挥基层党组织的战斗堡垒作用，有着巨大的组织优势。一方面，从社会整体运行的角度来看，市场经济体制条件下，社会各类企事业单位的功能趋向专业化和单一化，需要具有综合能力的区域性共同体对基层社会各类单位组织进行管理，这也是当前我国城市管理中社区组织的地位日益显现的重要原因。从社区的自治特性来看，社区的发展和建设过程必然与国家的行政性关系保持一定的距离，强调社区成员的自我管理和自我发展。[1] 由于社区意识中居民的参与意识和自主意识占有非常重要的地位，社区意识的增强便可能会产生排斥行政权力及社区以外力量干预社区事务的倾向，如果不加以引导，就可能产生社区与国家相疏离的趋势，这就需要社区党组织的正确引导，主动帮助居民委员会，积极配合社区完成各项工作，以达到预期的目标。另一方面，社区仅是较小地域范围内的社会共同体，社区建设和发展中形成的某种特色往往来源于该社区先天的地理、社会条件和居民构成等条件，[2] 进一步扩展就会受到交往能力和空间距离的限制，为了在社区的建设过程中有效地化解外在的阻碍和限制，推动武昌区的社区治理创新进程，就需要社区基层党建发挥其相应的作用，为社区的发展提供更多的支持和帮助。

材料：

X街道坚持整合优化，着力实现流程标准化 。第一，街道注重加强中心标准化建设，对每项服务的办理条件、流程、时限和责任进行了全链式的研究，合理划分一门受理和网格代办事项，实现了窗口集中服务与网格代办服务有效衔接的政务服务网络。第二，优化服务流程。通过政策研读、专题会议、座谈研究等方式，对82项行政服务事项认真梳理，努力做到办事程序最简、办理环节最少、办结时限最短，制定了街道行政服务事项办理的标准化流程和办事指南，通过中心显示屏、一次性告知便签及网格员宣传向社会公开，做到服务透明阳光。第三，实施全科服务。中心实行“前台受理、后台协同、一窗全能、全科办理”的一站式全科服务模式，设置的19个窗口，包括行政服务窗口7个、社保经办4个、工商税务4个、便民服务4个。择优选拔24名社区干部担任中心工作人员，通过定期培训、观摩、轮岗等方式强化人员素质和作风。

---

① 张雷、张平：《提升社区治理中居民参与自治的动力研究》，《天津行政学院学报》2015年第3期。

② ［德］费迪南德·滕尼斯：《共同体与社会》，林荣远译，商务印书馆1999年版，第53页。

通过加强社区党组织的建设与社区建设相结合，用基层党组织建设发挥带头引领的作用，做到以人为本，服务社区的居民群众，为社区居民群众的生活带来最大程度的便利，并按照“最大空间为居民服务、最大空间供居民活动、最小空间为社区组织办公”的要求，调整社区服务中心的功能定位和空间布局，减少社区办公用房和会议用房，促进服务设施和服务用房最大限度地向居民开放。社区居民委员会充分发挥社区服务中心的平台作用，引入社区居民所需要的各类服务项目，不断提升居民的获得感、认同感和幸福感。

二　促进社区党建与街道党建相结合

基层党组织的执政能力面临着巨大的压力，应对社会发展对基层党组织提出的新要求，解决党组织在社会分化中面临的各种矛盾和障碍，就要从街道党建工作入手，将社区党建与街道的党建工作结合起来，协调起来，并在街道党建工作的带领下，解决党组织面临的障碍和矛盾问题，不断发展壮大社区党建的执政能力和工作能力。在街道党建的引领下，提升社区党建的工作能力和效率。社区党建是以街道党工委为核心，社区党组织为基础，社区全体党员为主体，社区各类基层党组织共同参与、形成合力的区域性党建工作体系。社区党建工作是街道党建工作的拓展和延伸，也是基层党组织的重要工作与有效载体。在加强和改进街道党建、基层党建工作的同时，要把党的工作领域拓展和延伸到社会各个领域，落实到社区。社区党建与街道党建、基层党建工作都是党的建设工作的一部分，都要以邓小平理论和“三个代表”科学发展观和习近平总书记关于治国理政新理念、新思想、新战略为指导，按照党的建设这一新的伟大工程目标，从思想上、组织上、作风上、制度上全面加强党的建设，不断提高领导水平和执政水平，围绕党的基本路线，为党的中心任务服务。武昌区用改革的精神研究关于党建工作的新情况和新问题，不断改进工作方法、工作作风和活动方式。通过认真做好对党员的教育、管理和监督，提高党员的素质，以崭新的面貌和更加强大的战斗力，带领社区居民完成新的历史任务。将社区党建与街道党建结合起来，在更大程度上发挥党的引领作用，在更大范围上加强党的建设，形成整体上的共治合力。

材料：

2013年至今，在武昌区委、区政府的领导下，X街道党工委以区域化党建统领社会治理创新，突出X地区省直机关党组织和党员参与社会治理的多元主体责任，开展“单位进社区，促进社会责任履行；支部进网络，促进工作作风转变；党员进楼栋，促进群众能力提升”的“三进三促”活动。引导激励机关各级党组织和全体党员进一步走进社区、深入群众，着力解决影响社会治理的突出问题，着力解决事关群众利益的突出问题，着力解决基层党组织的突出问题，为实现X街社会治理体系和治理能力现代化做出积极贡献。区成立街道行政事务服务中心建设协调小组，负责服务中心建设过程的统筹事项、协调事务、落实保障和组织监督工作。街道作为服务中心建设的责任主体，选配得力干部，充实管理队伍，统筹服务窗口设置、人员配备、专项经费落实和窗口考核等工作。编办和人力资源局等部门研究制订街道行政事务服务中心工作人员配备办法；区政务中心负责做好各项规章制度和规范标准的制订工作；财政部门和街道要强化财政保障，落实工作经费和工作人员经费；信息中心要提供相关技术支持。各街道、民政和相关业务主管部门要密切配合，形成合力，齐抓共管，切实帮助解决建设中碰到的困难和问题。

街工委、办事处借鉴市区政务中心和上海经验，坚持以高起点规划、高标准建设、高质量管理的“三高”标准，建设功能最全、服务最优和满意度最高的街道政务服务中心。着眼于满足居民需求和空间集约利用，街道对政务服务和便民服务进行了系统梳理，整合部门下放、街道流转、社区上收的82项行政事务，引进邮政储蓄、家政、旅游、保险等9项便民服务，导入水、电、气、车辆违章罚缴等自助服务，配置了母婴室、手机充电桩、自助书吧等便民设施，极大地方便了群众生活。

三　促进分散党员和党组织的整合

党员和党组织的分散是目前比较突出的问题，党建整合的关键内容就是要将党内的党员队伍有效整合起来，将分散的党员和党组织整合起来，形成基层党组织内部的一个强大的合力，提升基层党组织的凝聚力。整合分散党员的关键是发展党内民主，充分发挥广大党员和各级党组织的积极性、主动性和创造性。武昌区通过公开化改革，将有关党组织活动的信息公开，维持一定的透明度，号召居民和辖区内企事业单位中的党员发挥模范带头作用，提升党员参与社区事务的热情，使党员对自身的工作和努力方向有更准确的把握，强化党员的主人翁意识，培育党员的向心力。同时，通过广泛参与，扩大党员参与党组织管理和党组织决策的机会，此举不但有利于管理决策的科学性，而且有利于党员个性的表现，加强党员之间的沟通和了解，使得党员队伍得到稳定和持续的发展，从而更好地发展党内民主。通过组织党员参与社区公共事务治理以及在职党员进社区等活动，增强党员与居民群众之间的互动，发挥党员的先锋模范作用，激发党员的积极性、创造性以及责任感，使得各级党组织，特别是基层党组织感受到自身的价值，充分发挥自己的特长，使党员认识到其肩负的责任与义务，从而达到整合的目的，形成全党上下沟通、齐心协力、相互配合和相互制约的良好状态。

材料：

武昌区进一步提高社区党组织协调能力，统筹区域党组织和党内的人力资源与物力资源。武昌区致力于将分散的党组织与分散的党员整合起来，进一步健全社区党组织、社区居民委员会、社区社会组织的民主协商机制，形成以社区党组织为领导、以社区居民委员会为主体、各类社区社会组织广泛参与的社区治理结构。围绕“理顺职能关系，完善社区多元治理”的实验主题，武昌区通过完善党建工作体系、改革行政工作体系、完善社区工作机制、健全社会工作体系，力求实现党组织建设与社会组织建设同步、行政组织与社会组织协同、行政工作与社会工作互动、行政管理与居民自治衔接，最终形成具有武昌特色的社区治理模式。

武昌区通过将分散的党员整合起来，一方面能够不断地强化社区党组织整合功能，建立社区大党委，吸收社区社会组织中的党组织负责人进入社区大党委，整合社区党建资源，形成党建合力。另一方面能够加强社区党组织服务功能，加强基层服务型党组织建设，发挥社区党组织和社区党员在社区志愿服务、互助服务和公益服务中的引领作用和先锋模范作用。

四 促进党员参与资源的整合

社区党组织存在党员积极性不高、开展工作不积极等问题，为了调动社区党组织的活力以及积极性，加快基层党组织建设的步伐，就要促进党员参与资源的整合。武昌区通过辖区的党工委、党建联席会、党建互动共治平台在整个街道层面进行资源整合。推动基层党建的整合进程，不断促进党员参与资源的整合，为党员参与尽可能地提供更加丰富和多元化的平台，最大限度上满足基层党员发表看法和建议的需求，开发和动用各方的资源使资源得到整合，从而增强基层党组织的凝聚力和办事能力。社区“大党委”与驻社区单位党组织签订共驻共建协议，建立驻社区单位参与社区治理的责任约束和考核评价机制，评议结果作为驻社区单位党组织党建责任制考核、文明创建的重要内容。街道“大工委”与有关职能部门签订服务居民事项清单，推动职能部门服务资源进社区。街道围绕“职责、制度、流程、标准”四个要素，制定了区域化党建三年规划、社区大党委职责清单、驻区单位社会责任报告制度等，形成“1 个规划、5 个清单、5 项制度”相结合的区域化党建工作成果。在街道建立区域化党建议事厅，在各大社区建立区域化党建办公室。同时，社区基层党组织按照自愿发起、自由参与的原则召开党建联席会议，加强社区党员的联系与沟通，通过相互学习和借鉴经验，来研究探索新的经验和新的方法，为社区建设的稳步进行提供更多的帮助。

材料：

2013 年至今，X 街道 X 社区通过不断地创新，提升了党建服务水平和能力。街道注重服务方法微创新，出台“推送”“代办”“帮办”服务，探索导台、取件、预约、延时等服务，现正试行网上办理。在职能部门不断减少证明材料、优化操作平台的同时，中心主动配置高清拍摄仪器等设备，减少群众再次办理政务携带烦琐证明资料的困扰，从而丰富了党员参与社区服务的资源与机会，提升了党员的综合素质和工作能力。通过加强整体联动，建立政务中心与社区网格站无缝对接机制，中心定期开展网格员业务培训，并组织辖区范围内的党员进行业务培训，每周开展巡回走访社区等活动，现场解决问题。中心副主任与社区网格站长集中研判、商办事务，中心工作人员分别对应 16 个社区网格站，通过电话或网上点对点沟通，达到“部门重协同、信息多跑路、群众不奔波”的效果。

武昌区通过丰富党员参与的资源，创新党员参与社区事务的途径和完善社区党建组织网络等方式，适应社会人变社团人的大趋势，并且通过加强在社区社会组织中发展党员的工作，促进了党组织在社区社会组织中的全覆盖，实现党组织与社会组织的同步建设。根据中办《关于加强和改进城市社区居民委员会建设工作的意见》精神，武昌区街道和社区注重增强社区党组织的领导作用，尤其是增强社区党组织对社区社会组织的领导作用，促进社区组织的社会活力与党组织的领导能力同步发展。

五　促进党员参与平台的整合

改善基层党组织建设积极性不高的现状，提高基层党组织开展本职工作的积极性，需要强化社区党员参与平台的整合，扩大党员参与的途径，调动党员参与的主动性，从而明确基层党组织的基本职能，更好地发挥基层党组织的领导带头作用。武昌区建立三类党建互动共治平台，建立“三方联动”工作平台、街校共建联系平台和社会组织联系平台。通过建立街校共建联系平台，实现街校党建引领下共建项目的深度融合。通过社区与高校的合作共建，以及大学生志愿者的加入，能够很好地带动社区开展活动，有效地提高辖区居民参与社区活动的积极性，创新社区管理的模式和内容，通过利用学校的场地、人力等资源，给社区提供支持与帮助，使活动得到持续地开展，同时能够使高校学生发挥自己的特长，提高自身的素质与能力，密切高校与社区之间的联系，使高校和社区能够在更多的方面进行合作，有效地整合学校与社区的资源，既为学生搭建了实践活动的平台，又为社区提供了更好的资源，达到了资源共享。此外，要充分利用社区这个平台来调动辖区内党员的积极性。虽然目前党员的流动性很强，没有固定单位的党员数量较多，但是他们大多数的时间都是在社区度过的，是社区党员队伍建设的重要组成部分，即使有固定工作单位的党员，上班时间几乎不可能进行党员活动，8 小时之外大量的时间也生活在社区中，对开展工作极为有利，因此，社区要抓住这一特性，联系辖区范围内的党员，以社区作为平台，最广泛地联系群众，为扩大社区党组织的影响力创造条件，实现党的基层组织设置和党员队伍管理的属地化，将分属不同单位的党员团结成一个整体，强化党员之间的认同和沟通，使社区成为党员们交流的最佳平台。

材料：

武昌区注重连接各种资源，搭建企业、学校、政府和社会等方面的联系平台进行合作，并每月定期召开社会组织联席会和公益体验日等活动，整合基层党组织建设就必须丰富其内涵和形式，搭建党建活动与政、企、校的合作平台。区直职能部门定期与基层党组织召开对接会，搭建基层党组织与政府的合作平台。武昌区各街道与武汉大学、华中科技大学等八所高校签订共建协议，搭建高校专家智库、大学生公益人才、高校志愿者与基层党组织以及社区的合作平台。武昌区通过成立区社会工作协会和街道社会工作分会，在规范和完善社会工作者、志愿者登记和注册管理的同时，也不断推进社区党员进社区参与社区服务活动，使在职党员包括民政、教育、卫计、司法等行业系统的党员都能够意识到党建引领对于社区建设的重要意义。

武昌区通过搭建和丰富党员参与的平台以及建立联席会议制度，

定期召开有区直职能部门、街道、社区和社会组织负责人参加的联席会议，统筹推进和着力解决社区工作中的重点、难点问题。建立信息联通制度，推动社区、社会组织、社会工作专业人才、服务对象信息数字化，促进了社区服务供给与社区居民需求有效对接。建立联动服务机制，整合社区服务力量，统筹协调，资源共享，有效解决社区服务工作的重点、难点问题。建立需求反馈制度，不断调整服务项目方向，满足社区和居民动态化需求，不断地推动社区治理创新。

第三节　基层党建整合的方式

武昌区各个街道党工委、办事处坚持党建引领，着力编织社会治理一张网，构建区域党建一体化，凝聚多元主体一股力，贯彻落实区委 2015 年 1 号文件精神，突出社区治理这个重点，以社区党组织为核心，充分调动辖区党组织的活力。

一　健全区域化党建的组织整合机制

党的十九大报告指出要建立“党委领导、政府负责、社会协同、公众参与”的社会治理体制新格局，其中，“党委领导”成为推动社会管理体制改革的核心力量。党在基层社会的组织建设是发挥党领导核心和战斗堡垒作用的根本保障。[①] 因而，社区党组织建设显得尤为重要。

（一）发挥基层党委领导核心作用

基层党组织是贯彻党的路线方针政策和完成各项工作任务的坚强战斗堡垒，是带领居民群众发展的骨干力量。基层党组织要加强学习型党组织建设步伐，把学习作为提高自身管理能力的基础和前提，不断提高理论水平和文化素养，奠定坚实的工作基础。基层党组织书记要在工作中学会换位思考，站在群众的立场上看问题，做群众的知心

① 郑卫国：《发展城市基层民主与加强城市社区党组织建设》，《理论与改革》2010 年第 3 期。

人和贴心人，最大限度增加和谐因素、激发社会活力，在工作中依法办事、公私分明、廉洁自律，要尽职尽责抓党建、强堡垒、带队伍，把带好班子、建好队伍、狠抓党建作为工作的重点，为党员发挥作用搭建平台和舞台。

武昌区把街道有关工作任务作为机关开展党建、文明创建活动的重要内容，强化组织领导，成立由区委书记任组长，区政府主要领导为第一副组长，区委组织部主要领导、区政府分管领导为副组长，相关职能部门为成员的领导小组，下设工作专班。把社会治理创新列为1号工程，对社会治理创新任务分解细化，制订区党政班子成员社会治理创新责任清单，形成党委领导下党政齐抓共管的工作格局。区委常委会每月专题研究1次社会治理创新工作，每3周在街道召开1次现场推进会。区委、区政府班子成员每人包点联系1个街道，下街道、社区指导督促，解决困难，每月对街道推进情况进行1次综合考核和排名通报，推动武昌区社会治理创新工作的顺利开展。

材料：

以X街为例，一方面，明确思路和模式。X街将区域化党建贯穿于社会治理创新的始终，通过建设“服务型、参与型、区域化、网格化”的“两型两化”基层党组织，着力增强街道社区资源整合能力、社会动员能力、协同共治能力，建立“1+6”治理模式。街道成立领导小组和网格化管理、区域化党建、大部制改革3个工作专班，按照“系统化考量、项目化策划、责任化落实、目标化管理”的要求着实推进各项工作。另一方面，全面加强区域化党建。制定了《水果湖街区域化党建三年规划》，形成了“1个规划、4个清单、5项制度”相结合的区域化党建工作成果。组建“1+6+N”网格服务团队，初步形成了网格服务团队的组织体系和工作体系，完善15分钟服务圈运行机制，创新组建“一圈五网”服务体系，对代办服务网、文化惠民网、生活照料网、医疗保险网、心理慰藉网进行资源整合，功能再造，覆盖千家万户。

（二）完善区域化党建的组织体系

区域化党建简单地说就是在一个区域内，一般是指在某个社区或某个街道地域内，各级各类党的基层组织形成共驻共建，以社区或街道党组织为核心，充分发挥地域内的其他机关、事业单位党组织的优势，形成合作共赢的工作机制。[①] 区域化党建力求在城乡经济社会结构转型的背景下，将辖区的行政资源和社会资源整合在区域化大党建平台上，通过统筹设置基层党组织，统一管理党员队伍，通盘使用党建资源，实现组织效能发挥最大化、教育管理效果最优化和组织工作成本最低化，实现基层党建格局从封闭运行、自我发展向区域联动、社会共治、一体化发展转型。

武昌区各个街道党工委担负起区域化党建工作的第一职责，加强对区域化党建工作的组织领导。坚持纵向到底的原则，建立健全“街道大工委—社区大党委—网格党支部—楼栋党小组—党员中心户”五级架构。按照横向到边的思路，街道党工委与驻区单位联建区域化党组织。健全以社区党组织为领导核心，社区居民委员会、业主委员会、物业服务企业、驻区单位、群众团体、社会组织共同参与的“1+6”区域化组织体系和社区治理模式，运用“四民工作法”解决社区共治议题。以区域党建协调委员会、党建联席会、社区议事会为平台，明确共建任务清单，建立驻区单位社会责任报告制度，完善驻区单位参与社区治理的责任约束和考核评价机制。

材料：

以X街为例，X街坚持统筹运转为核心。坚持党的领导是贯穿创新社会治理、加强社区建设始终的一条红线。街道党工委是领导、协调街道各类基层组织和干部群众，协力推进基层社会治理的核心。X街充分发挥党建引领作用，完成了纵向到底的五级区域化党建组织构架，横向到边的区域化党建组织体系，辖区5个单位党组织书记进入

---

① 雷火剑、卢春伶：《社区区域化党建：经验、问题与对策》，《理论导刊》2016年第7期。

街道大工委。全面落实街道干部驻社区、进网格，完成社区党组织、网格党支部设立，辖区32个单位党组织36名同志进入社区大党委任兼职副书记或委员，确保了街道区域化组织体系在街道党工委的统一领导下，参与社会治理工作。同时，街道、社区积极动员在职党员通过合法参与，在小区业主委员会中任职。完成组建的19个小区业主委员会成员中党员52人，占全部成员总数53%，其中在职党员36人。不仅有省国土资源厅、市公安局等省市机关单位在职党员，还有区属机关的处级领导干部。

表 2-1　　X 街 X 社区党组织职责清单

序号	工作项目	工作事项
1	自身建设	宣传和执行党中央、上级党组织和本组织的决议，团结、组织干部和群众，努力完成社区各项任务
		做好党务公开、党风廉政工作
		落实“三会一课”、民主评议党员等组织生活制度
		发展党员、收缴党费、管理党员信息、完善党内统计和档案管理制度，办理党员组织关系转接
		开展党内关怀，定期走访慰问困难党员和老党员
		定期组织开展社区党组织、居民委员会换届
2	议事决策	贯彻落实上级党组织的决定，结合社区实际研究制订方案
		研究解决关系到居民群众利益的重大问题和居民群众反映的热点、难点问题
		研究制订社区大型活动计划
		研究社区综合党组织、居民委员会惠民资金等重大财务事项和年度收支情况
3	价值引领	组织党政社校、社区共治活动，以多种形式动员和引导辖区党组织和广大居民参与社区治理
		组织全国文明城市创建工作，促进公共文明水平提升
		领导三方联动，支持居民委员会、业主委员会、物业公司依法充分行使职权
		领导、孵化社区社会组织，支持和保证其依照各自的章程开展工作
4	服务群众	反映群众的意见和要求，化解社会矛盾，维护社会稳定
		领导社区网络管理站服务群众
		充分发挥社区党员群众服务中心的服务功能
		落实15分钟便民圈服务居民
		落实居务公开，开展社区民主监督

续表

序号	工作项目	工作事项
5	区域化党建	发挥兼职委员作用，整合辖区单位党建资源，开展社区共驻共建活动
		加强“党代表、人大代表、政协委员”工作室建设
		安排党员志愿者在社区开展活动，对居住在本社区的机关在职党员进行备案登记管理
		抓好辖区“两新”党组织建设

通过表2-1可见，X街社区党组织有明确的分工和工作安排，社区党员各司其职，努力完成社区的各项工作任务和满足居民需求，既推进了社区党建工作，又推动了社区的治理创新工作。社区的党建离不开辖区单位和社区居民群众的共同参与和共同努力，需要必要的物质保障，应探索新的工作方式与方法，从而提升党建工作合力，创新社区治理机制。

（三）推进区域化党建联席机制

党建工作联席机制是为了进一步加强党对社区工作的领导，促进社区两个文明建设和各项事业发展，特别是制订的机制。包含以下几个方面的内容：第一，党建联席会由社区内有一定影响的机关、企事业单位在平等自愿的基础上组成，各成员单位均为理事单位；第二，联席会在上级党委的牵头协调下开展活动；第三，联席会原则上每季度召开一次例会，向成员单位通报工作情况、交流工作经验。

武昌区建立健全区、街、社区三级党建联席会，区党建联席会对街道社区党建工作进行统一规划、协调和管理；街道党建联席会负责组织辖区党委开展社会性、地区性、公益性活动，共同研究辖区党建工作的重点、难点问题，指导社区党建联席会开展活动；社区党建联席会议定期召开，研究解决实际工作运行中的问题。武昌区不断完善区域化党建联席机制，一是坚持定期例会制。区委常委会每年召开一次街道书记专项述职会，党建联席会每半年召开一次协调会，通报工作，共谋发展。二是坚持包点联系制。领导班子成员每月到对口社区、企业和重大项目处调研指导，帮助解决问题。三是实行党建联络员制。从机关事业单位选派316名党员干部，联系指导832家非公企业，不断推进非公党建全社会覆盖。

材料：

以X街为例，近年来X街注重强化区域化党建。街道党工委制订《区域化党建工作意见》，调整社区“大党委”组成成员名单，修改完善X街党建联席会章程；筹备召开党建联席会，拟签订共驻共建协议书。组织开展区域单位“星级党组织”创建活动；搭建区域党建工作机制与活动平台；建立完善“街道党工委—社区党组织—网格党支部—楼栋党小组—党员”五级组织架构体系，楼栋党小组已实现全覆盖，网格党支部正在根据社区网格划分进行大幅调整设置。X街注重选优配强社区党组织领导班子。撤销柴林头等社区，将街道原有17个社区整合划分为15个社区。调整了12个社区的党组织书记、副书记共17人，大胆启用“领头雁”和优秀青年党员担任书记或副书记。各社区网格员日巡、“三长三员”进门入户制度在原有基础上实施常态化管理，及时解决发现群众的困难问题。

X街不断规范区域共建。辖区单位是社区建设的有效资源，全辖区24家省市区单位，在街党工委、社区党组织的动员引导下，支持、参与社区建设，社区群众广泛受益。通过社区党建联席会，签订党建共建协议书，下达文明创建任务清单、社会治安综合治理责任书等形式，规范辖区单位的权利和义务。两年来，辖区单位坚持委派机关党委书记或者单位分管副职担任社区兼职委员，可谓“大干部小职务，小职务大作为”，实现社区与辖区单位的良性互动。

通过推进党建联席会议的开展，组织成员探讨新形势下开展社区党建工作的途径，交流交换社区党建工作的经验和信息，为社区党建工作献计献策，组织成员单位和社区在职党员参与社区建设、社区管理和社区服务，协调社区成员单位之间的关系，充分利用社区资源形成共治合理，为居民群众创造一个环境优美整洁、社会秩序安定、居民生活便利以及人际关系和谐的文明社区。

（四）健全区域化党建平台

武昌区发挥街道和社区党组织在区域化党建工作中的领导核心作用，加强对基层自治组织、群团组织、经济组织和社会组织等开展党建工作和群众工作的领导，推动驻社区单位自身党建工作与社区治理工作有机结合。社区党组织坚持正面引导，在管理中强化服务，在服务中加强管理，精心搭建平台，畅通社区党员、骨干发挥作用的渠道。根据社区内党员骨干的不同年龄、文化程度和职业特点，加强对各类社区党员骨干的管理和服务，让他们奉献社区、展现价值、发挥余热，以自身的服务资源和专业特长帮助社区居民群众解决实际困难。

武昌区注重发挥党建网站平台的作用。利用现代网络技术对传统党建信息进行传播和沟通是推进党的建设这一新的伟大工程的有效渠道。一方面，与时俱进，确保内容的权威性。党建网站要充分发挥其由党组织建立的独特政治权威性优势，密切关注并及时发布或转发中央和地方领导讲话、评论员文章和工作状态等，使广大党员统一思想，统一行动。另一方面，指导性强，激励广大党员奋发有为。在内容建设上要注重树立指导性原则，树立以人为本的理念，充分发挥教育引导作用。落实科学发展观、构建和谐社会的先进典型，使更多的党员、干部和居民能够受到启迪和教育，强化党员干部的“执政意识”和“党员意识”，增强领导干部对党执政本质的深刻认识。

材料：

X街通过制订社区公约，完善居民议事制度，为居民表达意见提供平台。突出社区居民群众最常见、最关心、最烦心、反映最集中的共性问题，社区党组织广泛发动社区居民群众参与这类问题的讨论，共同商讨解决问题的办法。截至2016年5月，X街4个社区针对老旧城区实际，先后通过了《院落管理公约》《邻里公约》《租户公约》等7个普遍适用的居民公约，同时还结合户部巷和文化团队的实际，倡导制订了《户部巷小吃经营户公约》《文化团队活动公约》。这些公约制订广泛吸收居民群众、社区骨干、有关专家学者的意见，精炼准确、朗朗上口，成为居民群众自觉遵守的行为规范。

二 健全区域化党建的互动共用机制

2013年至今，武昌区在总结以往做法、借鉴外地经验的基础上，不断加强区域化党建工作，在街道、社区、楼宇、商圈等层次全面开展区域化党建工作。区域化党建具有“组织全覆盖、工作区域性、活动开放式”等显著特征，要求党的执政必须覆盖到社区内的大小网格，党的工作必须围绕社会性、地区性、公益性、群众性工作有效展开，党组织活动必须从“体内循环”向体外延伸拓展。

（一）实现资源整合

一方面，通过收集驻区单位的组织、经济、信息、人才、场地等资源，建立特殊人才、公共资源、需求信息库，每年在“共驻共建网”发布一次可共享资源清单及需求资源项目，供需双方依托互联网精准对接，建立资源共用、党建共抓、工作共推的一体化整合体系，实现公共资源服务群众价值的最大化。另一方面，社区“大党委”与驻社区单位党组织签订共驻共建协议，建立驻社区单位参与社区治理的责任约束和考核评价机制。

材料：

省委政法委机关高度重视区域化党建和社会治理工作，积极组织机关党员干部深入基层、深入社区，走进贫困群众家中，直接联系基层、服务群众。在机关电子屏滚动播出社会主义核心价值观和志愿服务精神宣传标语，在机关显要位置张贴宣传海报，营造人人知晓、人人参与的良好氛围。建立了62人的社区服务志愿者队伍、21人的网络文明传播志愿者队伍。2013年至今，武昌区以区域化党建引领区域发展，在共驻共建中实行资源整合、社会动员、协同共治，省直机关作为辖区单位，是社会治理的协同力量之一，理应责无旁贷地自觉履行社会责任。下一步，省委政法委将积极参与到街区域化党建、文明创建和创新社会治理活动中，按照街道部署开展的“单位进社区，促社会责任履行；支部进网格，促工作作风转变；党员进楼栋，促群众能力提升”的“三进三促”活动，创新工作方式，健全常态化工作机制，把工作任务项目化，引导机关党员干部走进社区、深入群众，推动工作任务一件一件落到实处，将在职党员进社区开展志愿服务活动做好做实，努力取得扎实成效。

（二）搭建街道层面4个平台

一是决策平台。街道大工委对区域内社会性、群众性、公益性工作进行决策，充分发挥街道的决策性和指导性作用。二是参与平台。党建工作协调委员会吸纳辖区内单位、社区、楼宇、社会组织、人才市场、物业企业等党组织负责人参加，进而扩大党员参与活动的范围。三是联系平台。楼宇党建联盟吸纳各楼宇党委参加，就楼宇间开展合作进行研讨并组织实施，增强楼宇之间的联系。四是协商平台。项目化区域党建联席会建立开发商、承包方、监理方、社区参与的协商议事平台，实现各方的有效沟通和联络，从而促进资源共享、活动公办。

材料：

以X街为例，X街不断推进区域化党建工作和社区医师平台建设。2016年3月27日X街召开大工委会议，调整大工委成员，确定区域党建工作目标任务。2016年新成立“两新组织”党支部4个，成立业主委员会党支部3个。2016年4月3日前，各社区均分别召开社区大党委和社区议事会，调整社区大党委成员，确定社区共驻共建项目，协商社区重大事务。

三　健全区域党员的社区参与机制

武昌区推进在职党员进社区活动，充分发挥党员模范带头作用。深化在职党员进社区的活动，积极做好联系和服务群众工作，结合党员个人特点设定11个活动载体，组织全区1.5万余名党员认领服务岗位、认领群众“微心愿”，在参与治理中增进党群情感、在服务群众中履行社会责任。鼓励机关、事业单位的退休党员及时将党组织关系转往居住地所在社区党组织，通过相关程序担任社区“两委”成员、楼栋党小组长、业主委员会成员、群众活动团队负责人，引领带动居民群众积极参与社区治理。定期召开居民议事会，推行“四民工作法”，引导社区居民共同制订并遵守社区公约，有效发挥社区居民自我管理、自我教育、自我服务的作用。挖掘社区文艺骨干，组建社团组织，带领居民逐渐走出“猫眼”看人的狭小世界，在文化活动中增进对社区的认同感。充分发挥党员先锋模范作用，切实将社区党员引入社区活动中来，调动党员和群众参与社区事务的积极性，共建文明和谐的幸福社区。

表 2-2　　　　在职党员进社区开展志愿服务项目清单

服务类别	具体项目
公共服务	1. 担任门栋“三长三员”：门栋长、党小组长、中心户长、治安巡逻员、卫生监督员、文明创建宣传员 2. 担任社区讲坛老师 3. 参与清洁家园活动 4. 参与文明过马路劝导 5. 参与网吧值守 6. 开展小区绿地养护 7. 维护社区宣传栏、维护社区公益宣传广告
社区治理	1. 倾听居民群众的意见，并及时向社区或有关部门反映 2. 参与社区发展规划，向社区提出有价值的意见、建议 3. 参加社区组织的“小喇叭”治安义务巡逻 4. 在小区业主委员会中任职，参与三方联动
扶弱帮困	1. 完成群众“微心愿” 2. 结对帮助困难家庭学生捐资助学，捐赠图书、衣物 3. 为社区残病人士提供简易康复设备
文体服务	1. 指导社区文艺团队开展活动 2. 参与社区组织的文艺演出或体育健身活动 3. 讲授传统文化知识，指导剪纸、编织、刺绣工艺
便民服务	1. 小区健身器材维护 2. 提供心理疏导、健康咨询指导 3. 为行动不便者和困难群众义诊 4. 维修小区楼道灯、防盗门

X 街 X 社区书记 XX 指出：“在职党员进社区从去年就在做，主要就是双认领，一个是认岗，另一个是认领‘微心愿’。认岗就是认领一个服务岗位，作为志愿者参加一些社区的公益活动，或者是担任‘三长’，这些都是认领岗位。认微心愿就是社区居民的心愿，因为

我们社区没有什么困难居民，有些社区还是有困难居民的，他们可以对这些困难居民进行帮扶，上门慰问或是生病了捐钱。在职党员就是住在我们社区的党员，他们的组织关系在单位，现在要求单位的在职党员都要进到社区里来，一部分是集体报到，就是在单位所在区的集体报到，一部分就是个人，你住在哪个社区就在哪里报到，目前有 67 个报到党员。我们会一年给在职党员召开一次座谈会，听取意见，然后进行认岗。我们的社区有几千户，今年的党建是重点工作。"

街道党员和干部进社区领岗、任职服务包括以下内容：一是兼职社区党组织委员，指导、帮助社区宣传党的路线、方针、政策；二是担任网格党支部书记或委员，组织或参加支部组织生活，担任党小组长、中心户长、居民代表；三是进驻社区管理网格，提供公益服务，收集一线社情、民情；四是对接志愿团队，认领微心愿，联系、走访困难群众，街道党政领导班子成员每人结对联系 3 户以上基层群众，每周到联系点社区工作不少于 2 天或每月不少于 10 天；五是根据个人职业特点、个人特长，在各社区设立宣传教育、法律咨询、文化教育、医疗保健、计生服务、儿童帮教、扶贫解难、民事调解、治安巡逻、义务服务等 15 个服务岗位。

四　健全区域化党建共治共享机制

党的建设是一切工作的引领，是改革发展稳定的坚强保证。2013 年至今，武昌区坚持强化党的引领作用，深刻领会其精神实质，将党的统领落实到工作实践中去，通过发挥党的统领，凝聚社区各方面的力量，打造共治共享的社区共同体，把抓好党建作为一切工作的基础和前提，作为最大的政绩。武昌区各街道贯彻落实区委 2015 年 1 号文件精神，突出社区治理这个重点，以社区党组织为核心，以社区多元参与为基本路径，以社区会议、社区规则、社区节日、社区骨干为支撑，着力打造社区共治共享共同体，主要做法有以下几个方面。

（一）规范社区会议

社区会议是社区党组织领导下，围绕一个主题、一个目的、一个问题，组织相关人员开展相互交流，表达意见，讨论问题，解决问题的活动。将规范社区会议作为社区决策、权利分配、宣传教育、推动工作的主要手段，引导社区居民有序参与、正确表达和共同遵守，形成社区居民的共同意志。目前，社区建立的完善的会议主要有以下六类：一是由社区居民代表参加的社区居民代表大会，是社区规格最高、权利最集中的决策机构；二是由社区各方代表参加的社区恳谈会，定期收集居民意见和要求，讨论解决一段时间内居民反映的突出问题的日常例会；三是由社区党组织和驻区单位组成的社区党建联席会，是社区动员、整合辖区资源，实现社区资源共享、文明共创、事务共管、治安共建的重要会议；四是由社区党员参加的党员大会，是传达贯彻精神、决定社区党组织重大事项，对社区居民委员会提出工作意见和建议的会议；五是社区“两委”工作会议，主要任务是部署、安排、调度社区党组织和社区居民委员会做出的重大决策、重大事项执行的日常工作会议；六是社区协商议事会。在科学设定功能、规范会议规程，发挥法定作用的同时，重点围绕“民主、规范、制度”三个方面，打造社区协商议事会这个关键，构建在社区党组织领导下履行协商、议事、监督职责，营造“我的事情我做主，我的家园我建设”的氛围。

材料：

以X街为例，X街注重规范社区会议内容和章程。第一，明确代表构成。议事代表由本社区居民、社区“两委”成员、驻社区单位、业主委员会、物业公司、社区社会组织、两代表—委员等方面的代表构成，代表人数15—20人，召集人由社区党总支书记兼任；第二，规范议事代表的权利和义务，明确代表的职责；第三，明确代表议事程序和规则。从议题确定、协商、议定、办理等环节进行规范，保证群众关心的事情“能上会、真议事、解难题”，成为居民群众真正最贴心、最信赖、最有效的会议。2012年社区换届以来，全街共有兴建社区养老院、小区拆除地锁、社区文化长廊等30余项社区重大事项成为社区协商的议事议题，提高了社区民主决策、科学决策、有效执行的水平，得到了居民群众的赞誉和好评。

（二）打造社区产品

社区产品是社区党组织领导下由社会组织提供或者社区党组织引导部分骨干居民群众开展的，提供给居民群众，被居民群众使用和消费，并能满足人们某种需求的任何形式与载体。包括有形的物品和无形的服务，也包括精神层面的需求。按照“社区活动产品化、社区产品活动化”的思路，在普遍调研了解的基础上，全力丰富社区活动的内容，让社区活动成为群众认可、普遍参与的盛大节日。

一方面，发展社会化组织活动。在各社区党组织的审核把关下，中华路街备案的社会组织共 67 家，其中文体活动类 31 家、社区服务类 16 家、志愿服务类 15 家、维护权益类 2 家、社区福利类 3 家。在社会服务方面，“武昌游泳协会”常年在长江边值守救援，涌现出多名见义勇为道德模范市民。“慢友帮”老人慢性病自我管理互助会等 3 个公益组织项目入选 2014 年武昌区公益创投实施项目。

另一方面，打造精细化社区产品。在开展丰富多彩的社区活动的同时，武昌区以社区为平台，在固定时间、固定地点，以固定主题开展品牌社会活动，形成社区群众心中的社区节日。每年春节期间，以服务外包的形式，在各个社区开展“欢欢喜喜过大年、街坊邻里闹新春”系列活动，让居民通过在社区活动中的互动，增进邻里感情。

（三）培育社区骨干

社区骨干是在社区“两委”班子外围，支持社区开展各项工作所必需的人才，是实现社区共治共享目标的基本力量，他们在一定程度上参与或影响决策，引领社区风尚和舆论。

一方面，全面掌握骨干队伍。建立以社区党员为主体，以社区能人、社区好人、社区贤达、社区服务明星等为补充的社区骨干队伍。全街各社区坚持参加活动的社区党员骨干 320 名，社区各类优秀人才 540 余人。他们自觉参与到社区工作中来，成为社区协商议事的中坚力量。

另一方面，支持参与社区治理。让社区骨干参与社区治理和社区议事协商、重大事项决策是调动、激发社区骨干参与社区治理的重要举措。在社区会议人员构成、社区重大事项协商、社区重大事项决策方面充分考虑社区党员骨干比例，形成党员骨干参与社区建设与管理的长效机制。通过监督和职务公开、评选表彰等措施，激发他们的主人翁意识，发挥社区骨干的重要作用。

材料：

以X街为例，X街建立以社区党员为主体，以社区能人、社区好人、社区贤达、社区服务明星等为补充的社区骨干队伍。他们自觉参与到社区工作中来，成为社区协商议事的中坚力量。有默默奉献的老党员，83岁高龄的离休老干部志愿者XX；有精通剪纸、手工、美工等艺术，不忘发挥余热的区审计局77岁的退休干部XXX；有八名互助互爱，惜友惜福“老来乐”老太组合；有一直热衷于文艺，多才多艺，热心志愿服务的威风锣鼓队队长XX。

五 健全区域化党建标准化机制

武昌区强调社区党组织的领导作用。根据中共中央、国务院办公厅《关于加强和改进城市社区居民委员会建设工作的意见》精神，社区党组织是社区工作的领导核心，增强社区党组织对社区社会组织的领导作用，促进社区组织的社会活力与党组织的领导能力的同步发展。

（一）健全区域化组织工作体系

街道层面在完成五级组织体系后，进一步规范建设四个区域协商议事平台，即街道大工委、党建协调工作委员会、楼宇党建联盟和项目区域化党建联席会，做到区域化党建全覆盖。社区层面以社区大党委为核心，构建“1+6”的社会治理模式，完善了党建联席会、三方联动制度。网格层面以网格员为核心，实行“支部+团队”运作模式，网格员以“信息推送、一网打尽、需求对接、集成分办”为特点，实行精准服务。

表 2-3　　X 街"1+2+3"区域化党建工作组织体系

<table>
<tr><td rowspan="23">中共武昌区委X街工作委员会</td><td rowspan="4">1</td><td rowspan="4">辖区党建大工会</td><td>徐家棚街道办事处</td></tr>
<tr><td>中国农科院油料作物研究所</td></tr>
<tr><td>湖北省社会主义学院</td></tr>
<tr><td>沙湖公园管理处等</td></tr>
<tr><td rowspan="9">2</td><td rowspan="4">体制内单位党建工作联席会</td><td>地铁 7 号线上海隧道股份公司</td></tr>
<tr><td>绿地中建三局</td></tr>
<tr><td>武昌江滩管理处</td></tr>
<tr><td>武昌区交警三中队等</td></tr>
<tr><td rowspan="5">非公组织党建工作联席会</td><td>武汉市东创创意园</td></tr>
<tr><td>完美湖北分公司</td></tr>
<tr><td>佳旺建材市场</td></tr>
<tr><td>华润置地武汉分公司</td></tr>
<tr><td>万吨冷库等</td></tr>
<tr><td rowspan="10">3</td><td rowspan="5">三方联动工作平台</td><td>清芷园</td></tr>
<tr><td>金港苑</td></tr>
<tr><td>梦湖水岸</td></tr>
<tr><td>汉飞滨江国际</td></tr>
<tr><td>三角花园等</td></tr>
<tr><td rowspan="3">街校共建联系平台</td><td>湖北大学继续教育学院</td></tr>
<tr><td>湖北大学马克思主义学院</td></tr>
<tr><td>湖北大学行政管理学院等</td></tr>
<tr><td rowspan="2">社会组织联系平台</td><td>博士义工队</td></tr>
<tr><td>湖北爱心妈妈团队等</td></tr>
</table>

区域化党建工作是推进社会治理创新和社区建设管理的积极探索，与社会民生和广大居民群众的切身利益息息相关。街道党工委切实担负起区域化党建工作的第一职责，加强对区域化党建工作的组织领导，各基层党组织书记统一思想认识，高度重视区域化党建工作，把区域化党建工作作为重大课题进行研究，列入社区党建工作重要议事日程，完善组织体系、提高组织能力、发挥组织作用、落实组织保障，确保区域化党建工作落在实处，取得实效。

（二）完善区域化党建制度框架

武昌区围绕“职责、制度、流程、标准”四个要素，制定了区域化党建三年规划、社区大党委职责清单、驻区单位社会责任报告制度等，形成了“1 个规划、5 个清单、5 项制度”相结合的区域化党建工作成果。在街道建立区域化党建议事厅，在各大社区建立区域化党建办公室。强化了社区党组织整合功能，建立社区大党委，吸收社区社会组织中的党组织负责人进入社区大党委，整合社区党建资源，形成党建合力。同时，武昌区不断加强社区党组织服务功能，通过加强基层服务型党组织建设，发挥社区党组织和社区党员在社区志愿服务、互助服务和公益服务中的引领作用和先锋模范作用。

表 2-4　　X 街道党员和干部承担的职责任务

1. 主动到社区报到领岗、任职，利用休息时间参加社区管理服务和创先争优活动，按时完成社区交给的工作任务，积极参加社区组织的有关活动，利用节假日，每年参加活动的时间不少于 4 次
2. 积极发挥个人特长，参与领岗、任职服务和承诺活动，每年为社区、居民办 1—2 件力所能及的实事
3. 积极参与结对帮扶、扶危济困、访贫问苦活动，每名党员和干部联系一名困难党员或一户困难户，帮助解决实际困难
4. 发挥“十带头”作用，即带头宣传政策法律法规、带头参与维护楼院治安、带头参与创建文明楼院、带头搞好楼院环境卫生、带头参与文体活动等
5. 关心社区建设，帮助维护社区居民的合法权益，对社区党建工作提出意见、建议
6. 抓好网络党建工作，开展共驻共建共享活动；掌握舆情动态，及时组织协调处理网络内的问题；指导帮助网格管理员落实好工作任务

通过表 2-4 可见，武昌区注重以人为本的社区党建工作理念，积极适应社区党员群众的人本意识不断增强、民主意识不断觉醒、对精神文化生活的追求也越来越高的变化，按照科学发展观和构建和谐社会的要求，紧紧围绕促进人的全面发展来开展工作，制定措施和落实任务。更加重视党员的主体地位，把保障党员的民主权利、发挥党员的主体作用渗透到社区党建的方方面面。

（三）探索区域化党建自转机制

为做强区域化党建，街道党工委探索建立了资源整合、社会动员、协同共治三大区域化党建运行机制，进一步整合党建资源，融合多元主体，聚合党员群众，努力实现区域党建一体化。整合资源建立区域人才库、公共资源库和需求信息库，采取三维定向评价，促进组织互动、资源共用。社会动员上从夯实组织根基、创新动员方式、提升服务功能三个方面加以突破。协同共治上探索协同路径，明确街道社区的主体责任、驻区单位的社会责任、社会组织的渗透责任、党员群众的公共责任。

武昌区深入开展区域化党建工作，以群众需求为导向，把基层党组织管理服务的触角延伸到社会各个方面，实现服务常态化、长效化。建好综合平台，高标准规划建设区域性服务中心，打造一批区域化党建公共平台。进一步健全完善民情民意调查机制和科学研判机制，推广党代表工作室、群众说事室等，不断拓宽党员发挥作用的途径。把优秀党员选拔到党组织书记岗位上来，选好配强区域性党组织书记。大力开展党员志愿者服务活动，全面推进在职党员进社区报到，引导和激励党员各尽所能、各展其长，更好地服务群众，实现党员“关系在单位、活动在区域、奉献在岗位”。

（四）提高社区党组织协调能力

武昌区进一步健全社区党组织、社区居民委员会、社区社会组织的民主协商机制，形成以社区党组织为领导、以社区居民委员会为主体、各类社区社会组织广泛参与的社区治理结构。申报创建全国社区治理和服务创新实验区是一项系统性、综合性的改革实验，对于开展实验的可行性，已请专家咨询团队全程参与指导、论证。下一步，武昌区将举全区之力，进一步强化组织领导、细化创建方案、研究配套政策、增加财政投入，力争出成果、出经验、出精品，为全国基层社会治理和服务体系创新提供参考借鉴。

在街道党工委领导下，武昌区各街道注重发挥党建引领的作用、推进社区共建共治。健全完善社区居民（代表）会议，广泛吸纳社区各方代表进入社区居民（代表）会议，共同研究社区重大事项。通过社区居民（代表）会议，评议监督街道干部履职情况，驻社区单位履行社会责任情况。建立健全社区协商议事制度，完善议题形成、协商议事、项目执行、评估评议、跟踪监督等程序，注重发挥社会各界人士的作用，提高社区民主协商效率，推动解决社会治理难题。

六 健全区域化党建与治理衔接机制

近年来，武昌区积极推进区域化党建和社区治理创新的有机结合。通过加强区域化党建，完善社区党建组织网络，有效地促进了武昌区的社区治理创新。适应社会人变社团人的大趋势，加强在社区社会组织中发展党员的工作，促进党组织在社区社会组织中的全覆盖，实现党组织与社会组织的同步建设。

（一）强化责任，切实加强组织领导

武昌区把街道有关工作任务作为机关开展党建、文明创建活动的重要内容，作为改进机关作风、增强群众观念、提高机关干部职业素养的有效载体，提上机关工作议事日程，与机关业务内工作、文明创建工作同研究、同部署、同落实、同检查；将完成街道部署工作情况纳入机关处室党建、文明创建考核、目标责任制考核内容，确保工作任务落到实处。区委领导班子每年多次召开会议，听取工作汇报，解决工作和开展活动中的问题。明确由一名班子成员分管，成立了以机关党委书记为组长的机关文明创建工作领导小组，小组成员涵盖机关各处室、单位负责人，机关党办联系街道，负责日常活动的协调、管理，牵头完成相关工作任务。

由图 2-1 可见，X 街以资源共享、优势互利为原则，建立健全社区党建共建协调机制。X 街把辖区单位作为社区党建工作的重要力量，加大宣传力度，激发辖区单位参与社区党建的内在动力，着力营造“共商、共享、共创”的社区党建氛围。通过建立完善社区党建工作联席会议等共建协商机构，整合共建力量，实现资源共享和信息互通，促进共建合力的形成。

（二）全员参与，助力社会治理

省委政法委机关高度重视区域化党建和社会治理工作，积极组织机关党员干部深入基层、深入社区，走进贫困群众家中，直接联系基层、服务群众。在机关电子屏滚动播出社会主义核心价值观和志愿服务精神宣传标语，在机关显要位置张贴宣传海报，营造人人知晓、人

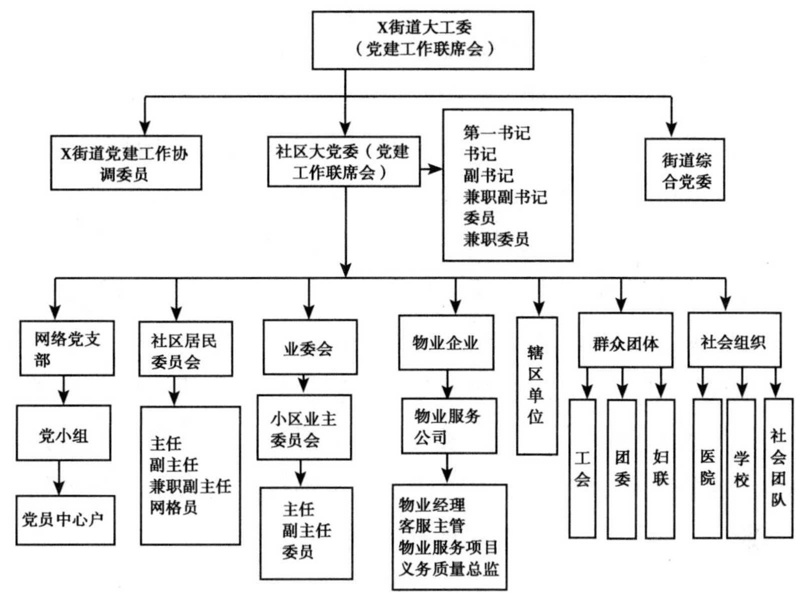

图 2-1　区域化党建组织结构

人参与的良好氛围。充分发挥了机关在职党员在社区建设、管理和服务中的模范作用。同时，加强社会组织党建工作。推动党的组织和工作在社会组织中有效覆盖，发挥党组织政治核心作用，确保社会组织参与社区治理的正确方向。地方社会组织党建工作，由市、区社会组织党建工作机构统一领导和管理。社区社会组织党建工作，由街道和社区党组织实行区域兜底管理。有业务主管单位的社会组织党建工作，实行谁主管、谁负责。

材料：

以 X 街为例，X 街强调党员在服务群众中的主体作用，不断深化党员志愿者服务活动。X 街道按照组织关系和组织活动等多种形式，灵活组建党员志愿者队伍，把社区中有一技之长的在职党员、有能力发挥余热的离退休党员组织起来，经常性地开展为民服务活动。在活动中不断提高党员的自身本领和素质，使党员之间能够相互交流和学习，增强党员的服务意识并提高党员的服务能力。

（三）奉献爱心，积极开展扶贫帮困

省委政法委坚持把开展扶贫帮困工作作为机关党员干部实践全心全意为人民服务宗旨、团结带领群众共圆中国梦的实际行动。坚持做到“一名厅级领导、一个处室党支部，帮扶社会一户困难群众”，安排党支部与特困家庭结对，不定期开展帮扶活动。做好“一帮二”“一帮一”“二帮一”扶贫帮困工作，党员领导干部每个人联系 2 户贫困居民；普通党员每人联系 1 户贫困居民；非党员干部每 2 人联系 1 户贫困居民。定期走访，为所帮扶的贫困居民办实事，并制订个人帮扶的情况记录。建立扶贫帮困考核机制，把扶贫帮困任务完成情况作为辖区单位精神文明考核依据，对扶贫帮困工作扎实，取得实效的单位给予通报表彰，对领导不重视、工作不扎实的给予通报批评，并将党员领导干部扶贫帮困情况列为年度考核、评先评优的重要参考。

材料：

X 社区经常开展爱心帮扶活动，帮助本社区甚至是其他社区的困难群众解决问题。通过建立社区党内互助基金、出台相关的激励措施，不断调动企业党组织和党员个人捐助的积极性，不断地扩大奉献爱心的范围和力度，并建立健全社区工作经费的财务管理制度和审计制度，从而规范社区工作经费的核定、审批和使用等各个环节，确保党建的费用能够发挥最大的效益。

第四节　基层党建整合的成效

通过健全区域化党建的整合机制，很大程度上提高了党员的社区参与度，发挥了党员的模范带头作用，增强了党在基层建设中的威信，有效提高了基层党组织的凝聚力。加强基层党建对于社区建设和基层治理发挥着重要的作用，能够有效提升社区服务效能，是推进社区治理创新的坚强组织保障。武昌区推进社区治理创新以来，非常重视党建工作对于社区服务和治理的重要作用，不断提升区域化党建工作水平。

一　基层党组织的凝聚力进一步提升

武昌区通过健全区域化基层党建的整合机制，提高了党组织的领导能力，有效地解决了街道、社区的各类问题，密切了党组织与群众之间的关系，树立了党组织在群众心中的威信，同时还增强了群众对党的认同感，使基层党组织的凝聚力得到进一步的发挥。

（一）加强了组织居民群众的号召力

基层党组织推动了各项政策的宣传、贯彻和执行，有效地组织广大党员，及时了解和掌握群众的意见和建议，解决群众的困难，反映群众的要求，对于构建和谐社会和维护社会的稳定发挥了极大的作用。武昌区近年来的基层党组织建设成效显著，切实解决了社区居民群众所关心的各种问题，在居民群众心中树立了良好的形象，进而对居民群众的影响力加深，增强了居民群众参与社区活动的积极性，扩大了基层党组织的号召力。事实证明，只有积极发挥基层党组织的核心作用，加强创新管理，才能真实突破社区治理创新的重点和难点，不断推进社区治理创新。

材料：

X街创新开展了以“单位进社区，促社会职责履行；支部进网格，促工作作风转变；党员进楼栋，促群众能力提升”为内容的“三进三促”活动，辖区66家省直单位和近万名在职党员积极参与社会治理，为辖区居民群众解决各种问题，充分发挥了主力军作用。

（二）增强了居民对基层党组织的归属感

随着武昌区社区建设的不断完善，各类社会团体也在迅速发展。而党建整合打破了传统“单位党建”的模式，满足了新兴社区组织和团体的诉求，更加满足了居民群众日益高涨的善治要求，有效挖掘了党建模式引导参与的热情，并带动了党员和群众参与党支部活动和社区活动的热情。增加了社区居民群众对基层党组织的认同感和归属感，使得社区居民群众与辖区党员能够密切地联系起来，加强相互的沟通和了解，进而形成一个团结、互助、和谐的社区大家庭。

材料：

X街X社区将3010户居民与商铺、门面划分为10个网格，社区党组织积极引导居民和社团组织参与治理，并指导各网格在所辖商铺门店中建立健全党组织，让各行各业的人们都看到党员和党组织的努力，提升基层党组织在居民群众心中的形象，形成一种共治合理，从而让每位党员、群众和商户都有了归属感。

二　基层党组织的服务能力进一步提高

区域化党建有效整合了辖区内各类服务资源，为政府公共服务向基层延伸搭建了高效平台，有效避免了许多部门在社会建设过程中“各抓各的事、各干各的活”的“单打一”现象，确保了公共服务资源利用效益的最大化，使居民群众能享受及时、便捷、优质、高效的公共服务。

（一）明确工作职能，提升服务能力

进一步明确基层党组织的工作职能，推动党员到一线去服务群众、最大限度地把矛盾化解在基层，较好发挥了基层党组织在社会治理、服务群众中的作用。随着生活水平的不断提高，社区居民对于社区服务、居住环境和文化娱乐等方面的需求也越来越高，社区党组织能够顺势而上，贴近群众，满足居民群众对于管理服务提出的多样化的需求，并且能够及时、准确地了解和掌握群众的实际情况，倾听群众的呼声、解决群众的困难、拥护群众的利益，有效整合社会资源，对于维护社会的稳定起到了很大的作用。

材料：

X街抓住为民便民利民这一根本，积极破解老旧小区物业自治管理的难题，探索出了一条老旧小区物业自治管理、有偿服务、持续发展的新路子。X街不断深化党组织领导下的“三方联动”机制，并根据运行过程中碰到的新问题不断总结经验，创建了一个治理物业化管理小区的模板。X街道X社区依托辖区16家爱心单位共同参与，开展“一券通为老服务”项目，为有需求的高龄老人提供理发、家政、

助洁助浴、家电维修等服务，深受老年人欢迎。

（二）拓宽服务范围，丰富工作形式

区域化党建是执政党应对社会多元化发展趋势的战略选择，其关键在于通过区域化党建的平台拓展与各类社会组织的交流空间。街道党工委能够在社区组织和行政机构之间找到活动的空间，使得缺乏弹性的制度在基层党组织的沟通下出现协调的空间。当社区组织遇到不合理的政策困境时，可以通过基层党组织把问题上达给制度的执行者，寻求合理的解决办法，使基层党组织获得社会、居民以及政府的认可。作为战斗堡垒的基层党组织，有效地把握了所在组织的需求，并在参与社区事务中提高了自身和党组织的融合度，实现了向现代化政党基层组织的转型。

三　党员模范带头作用进一步增强

2013 年至今，武昌区进行基层党组织建设的整合，不仅有效提升了基层党员、干部自身的素质，增强了为居民群众解决问题的办事能力，更是打造了基层党组织在社区居民群众心中的良好形象，做到了密切联系群众，使党组织的模范带头作用深入人心。

（一）充分发挥带头作用

武昌区各社区开展“在职党员进社区”活动，通过与在职党员签订服务协议并认领“微心愿”，全面推行交叉任职，鼓励在职党员到居住地、工作地或联系地社区认领服务岗位等措施，既强化了在职党员的社会责任，使辖区党员深入到群众的实际生活中去，又将在职党员发挥作用的阵地延伸到了社区、网格，进一步提高了党员参与社区活动的积极性，使居民群众更加明确了方向，带动了居民参与社区活动的热情和积极性，为社区治理创新贡献了个人力量，在真正意义上发挥了党员在社区治理和服务中的模范带头作用。

（二）增强与群众的联系

通过建立区级领导包干联系制度，督促区级领导常下基层走走，解决了领导干部与基层群众越来越远的问题。通过“在职党员进社区活动”，全区机关党员干部沉到社区、融入一线，在基层开展服务，变原来“浮”在机关管理为现在走家入户服务，有效实现了管理与服务的有机结合，促进了管理型党组织向服务型党组织的转变。基层党组织深深地扎根于群众当中，党员干部的一言一行都深深影响了党在人民群众心中的形象，加强了社区治理体制创新，更加重视在新形势下的群众工作，真诚倾听群众的呼声，真实反映群众的愿望，帮助居民群众解决实际的问题，维护了居民群众最根本的利益。如武昌区纪委副书记、监察局局长当选为所在小区业主委员会主任后，牢记党员身份，时刻做好表率，热心为居民群众服务，深受居民的信赖与好评。

第三章　整合基层政府，提升主导能力

为顺应经济社会发展的现实需要，我国政府部门自改革开放以来，不断转变政府部门协调机制，使其更加多元化。部门协调的主体也由中央各部门一直扩展到各级地方政府部门，有关于部门协调的法律法规也逐步健全和完善，部门协调的运转机制逐步制度化、规范化和程序化。2008 年中央政府进行“大部制”改革后，中央又重新整合组建了 33 个分别由有相关职责的一个或多个部委组成的议事协调机构。在我国行政体制改革的进程中，简政放权、整体政府的顶层设计和系统推进以及建立和提升跨部门协同治理能力是改革的重中之重，更是国家实现“五位一体”建设发展的关键。

而在改革中，整体性政府建设已逐步成为现代政府治理的新趋势，它被称为“公共部门的新形态”“公共行政的未来”“公共行政的一个永恒主题”等。其整体治理着眼于政府部门间、政府间的整体性运作，强调公共管理与服务机构为了完成共同目标而展开跨部门协作，主张政府管理“从分散走向集中，从部分走向整体，从破碎走向整合”，政府所运行的文化、结构和能力不是以管理过程而是以问题为取向，不是按照管理职责而是按照公民需求提供服务，通过公民的生活轨迹整合服务职能，从而建立起纵横交错、内外联结的协作机制，统一设计服务路线，系统配置服务资源，力求从根本上解决政府管理碎片化和服务空心化问题，提升政府部门整体治理能力。

党的十八届三中全会指出，行政体制改革要把职能转变作为改革的核心，把深化行政审批制度改革作为重要抓手和突破口，继续简政放权，增强经济发展内生动力。要把群众需求作为改革的重点，着力解决好事关民生的突出矛盾和问题。要深化政府机构改革，坚持精简统一效能原则，推进机构和职责整合，规范机构设置，加强机构编制的刚性约束力，坚决查处机构编制违规违纪行为。要充分发挥地方政府积极性，鼓励地方因地制宜、从实际出发进行改革探索，大胆创新。武昌区政府在实验区建设过程中，深入分析了当前社会治理过程中基层政府遇到的各类普遍性社会问题，这些问题会给基层政府治理过程带来哪些挑战；结合武昌区实际情况，如何解决这些问题，用整体性治理的观念为社会治理提供发展的新思路。

第一节　基层政府整合要解决的主要问题

党的十八大报告指出："社会建设要在改善民生与创新社会管理的进程中实现。"创新社会管理是关系着社会建设实现的重大问题。基层社会是全社会的基础，基层管理是社会管理的关口，基层社会管理的好坏，决定着整个社会管理的好坏。基层社会管理的创新，关系着整个社会建设的实现。在基层社会管理中，基层政府是十分重要的主体，是基层社会问题最直接的面对者和应对者。面对和应对各种基层社会问题，也就成为基层政府社会管理的主要内容。那么，基层政府在社会管理创新中，主要有哪些问题需要解决呢？

一　社会管理职能被经济管理职能冲淡或挤压

政府的职能主要包括政治统治职能、经济管理职能、社会管理职能。在计划经济时代，政治统治职能、经济管理职能是最突出的政府职能，基层政府主要也是在这两项职能中发挥其作用，社会管理职能往往被忽略或被融入这两项职能当中。在统筹经济社会发展、推进社会事业进步、保障和改善民生、提高人民生活质量等方面，基层政府明显热情不高。基层政府的主要精力还没有用在社会事业发展和社会公共服务方面。为顺应社会发展的需求，客观上，基层政府社会管理的职能已被提到与经济管理职能相同，甚至更为重要的位置。目前基层政府社会管理的职能仍时时被经济管理职能冲淡或挤压，不得不说是基层社会管理中存在的最大问题。

二　施政理念不能有效回应社会需求和公民诉求

基层政府施政理念中“管控”理念根深蒂固。在管控优先的施政理念下，基层政府不断强化自我的作用，把提供公共服务、回应社会需求、回应公民诉求等，当作社会管理的手段。在社会管理中，基层政府更倾向于将稳定放在第一位考虑，将秩序稳定作为终极管理目标，其他都是手段，提供公共服务、回应社会需求、回应公民诉求都是手段之一。其表现就是，提供公共服务不是出于公众利益考虑，也不是出于实现公众社会权利的要求，而是通过服务、回应以安抚公众，进而达到政府界定的秩序稳定。这种管控型的施政理念，不能有效回应日益强烈的社会需求和公民诉求，而有效回应这种日益强烈的社会需求和公民诉求，恰恰就是政府发挥社会管理职能的主要内容。重管控轻服务，重秩序轻回应，已经与现代政府主要提供公共服务的施政理念格格不入了，更无法解决基层社会管理中存在的深层次问题。

三　基层政府的行为受制于传统行政模式的制约

传统的行政管理，主要依靠自上而下的管制模式，采用行政干预和经济处罚等手段，依靠强制完成行政管理的目标。这种传统的行政管理模式，是建立在政府拥有绝对权威的基础之上，它突出政府的权威与管理对象的从属性，依靠的是行政权力的强制性。同时它又是具有对抗性的，不服从的管理对象，是要受到法律制裁的。总之，这种模式突出了政府的权威，重在强制性的服从，它使基层政府习惯于运用行政强制和经济处罚等手段管理社会公共事务。它忽视了社会公众对公共事务的参与、社会公众的需要，以及社会公众对政府管理行为的监督。随着法治的推进，公民法律意识的增强，基层政府强制性实行社会管理的行为，越来越受到社会公众的抵触，基层社会管理中的对抗性越来越强。这种强制性的管理模式，与现阶段社会的发展已经很不相适应，在实际操作中只能解决一些应急性的社会事务，无法从源头上根本解决社会管理中的深层次的突出问题。

四 基层政府在社会管理体制上职责不清的问题严重

一是传统的科层制以层级节制式的组织形式来维护组织的权威性，科层组织内部各级结构，各种人员的职责、权限、活动方式等都是由一套严格的规则和章程来限定的，组织成员在组织内部的一切行动均需严格按照组织的规章制度来进行。过分强调组织规则和各项制度，易使组织陷于僵化，缺乏应变能力和弹性。部门间职责不清晰，部门规避和转移责任现象普遍存在。机构编制文件等有关部门职责界定方面的表述大多比较宏观，落实到具体问题上，不同部门容易产生不同理解，同时，各部门职责分工过细、职能交叉重叠，模棱两可，不知所从，经常存在“交叉”或“空挡”现象。二是部门主义严重，导致政府部门之间协调沟通不畅，甚至产生冲突。① 我国实行“条条为主，块块为辅”的行政管理体制，即注重职能部门纵向控制，忽视政府职能部门间的整体合作，“部门主义”盛行，“条块分割”严重。② 各职能部门各自为政，各自懒政，遇利追逐，遇事推诿，不利于社会治理。

五 缺乏对基层政府社会管理工作进行科学评价的体系

评价体系是指挥棒，对任何一项工作而言，其承担者都期望得到好的评价。对基层社会管理工作而言，其承担者即基层政府，当然也期望得到好的评价，特别是上级政府好的评价。所以，上级政府对基层政府社会管理工作的评价，对基层政府而言，其意义是不言自明的。在日益重视绩效管理的现代政府体系中，对基层政府社会管理工作的评价不应是空白地带。目前，虽然基层政府承担了众多的社会管理事务，但在对基层政府的综合评价体系中，还是侧重于经济建设领域，远没有体现出社会管理工作应有的地位，相关的评价标准也没有完善，这也是基层政

---

① 杨灿明：《创新县乡财政体制 增强公共服务功能——以湖北省为例》，《理论月刊》2005 年第 3 期。

② 陈纪瑜、张宇蕊：《条块分割与乡镇财政体制运行研究》，《求索》2006 年第 7 期。

府履行社会管理职能动力不足、热情不高的重要原因。

这些问题使政府对于公民的公共服务要求反应“迟缓且片面”，出现大量的“行政失范”和“政府失灵”现象，基层政府缺乏履行社会管理职责的内在动力。基层政府整合就是要解决政府在社会治理中出现的这些问题，解决政府社会管理职能被经济职能挤压、职能部门之间协调沟通不顺畅等问题。其目的在于，整合政府职能和机构，形成整体性政府，以解决错综复杂的社会问题，从而提升社会治理效益。

第二节　基层政府整合基本内容

整体性政府概念最早起源于1997年英国行政现代化进程的整体政府跨部门协同改革。随后，这一新思路迅速在全世界范围内广泛兴起，许多国家将它作为政府管理碎片化的根治之道和应对社会复杂性问题的应对逻辑。而在实际操作过程中，由于各国的国情不同，所以相继出现了英国的“协同治理”、澳大利亚的“整体治理”、加拿大的“横向治理”和美国的“协作治理”等实践模式。

武昌区要想走出一条具有武昌特色的治理道路，首先要推动观念变革，树立整体政府观，大力推进政府行政审批现代化改革，通过系统设计、依法行政，提高整体治理效能。其次确立纵横交叉、分层运行的整体政府跨界协同机制。致力于着眼武昌区全面发展建设战略的顶层设计，使战略决策、整体运行和全面监督过程有机集合。面向同一政策领域跨部门协同的决策、执行和监督全过程，制定各方协调一致的政策制定计划以及政策执行规划、计划，重视发挥区委、区政府的核心领导作用，执行过程中注重发挥其他社会力量的作用。面向同一部门不同职能和政策之间的协调合作，强调改革具体的服务手段，创新各种服务工具，加大与社会组织建立伙伴关系的合作力度，更好地履行政府服务职能，提高社会服务的协作效能。再次要注重协调好跨部门协同纵向和横向结构之间的关系，在跨界协同治理中灵活选择纵横结合的方法。最后要综合运用各方资源，如高校资源、互联网资源等作为跨部门合作的辅助工具，尽力发挥整体性政府的最大效力。

从以上四方面的内容着手，武昌区基层政府整合具体实施包括区级政府和街道两个层面，整合的内容主要包括四方面：一是职能的整合。根据各部门的属性，梳理部门职能、理顺工作职责，尽量避免职责交叉重叠问题。二是机构的整合。减少职能部门，整合具有相似职能或者相似功用的机构，实行大部门制，避免部门主义。三是资源的整合。将各职能部门涉及民生服务的资源如信息、资金等统一整合，统一分配给社区，避免资源分割现象。四是行动的整合。整合各部门在涉及社区建设、民生服务等方面的政策举措，协调各部门在社区建设上实施的项目，增强部门沟通联动。通过这四个层面的具体整合，发挥整体性政府、服务型政府的作用。

一 职能的整合

政府职能也叫行政职能，是政府职责和政府功能的总称，是政府在国家和整个社会管理中所应承担的职责和所具有的功能。

政府职能在不同的历史时期经历了不同的发展阶段。追溯中国的封建王朝时代，其政府职能突出的表现是“重政治统治，轻社会管理”，形成了“以统治代管理”的局面。新中国成立后，我国形成了计划经济体制下的全能型政府职能，通过高度集权、微观管理和条块管理来实现政府职能。党的十一届三中全会后，我国政府职能由封闭型向开放型转变。20 世纪 80 年代，我国政府进行了机构改革，提出了转变政府职能。进入 21 世纪，我国政府提出构建“服务型政府”，将“全能型”政府转变为“有限型”政府、“服务型”政府。2004 年国务院在推行依法行政的过程中明确提出转变政府职能，并对政府的主要职能做了具体的要求，提出要“在继续加强经济调节和市场监管职能的同时，完善政府的社会管理和公共服务职能”。在政策的指引下，促使政府职能向公共服务和社会管理转变。①

① 邓雪琳：《改革开放以来中国政府职能转变的测量——基于国务院政府工作报告（1978—2015）的文本分析》，《中国行政管理》2015 年第 8 期。

政府职能从古至今在公共行政中都有着举足轻重的地位，主要表现为以下几点：首先，政府职能满足了公共行政的根本要求；政府职能是公共行政的核心内容，直接体现公共行政的性质和方向。其次，政府职能是政府机构设置的根本依据。政府机构是政府职能的物质载体。政府机构的设置必须依据政府职能这一重要标准。再次，政府职能转变是行政管理体制和机构改革的关键。机构改革必须要根据政府职能的变化来进行，确定政府职能的增、减、分、合，然后相应进行政府机构的调整和改革。最后，政府职能的实施情况是衡量行政效率的重要标准。公共行政的最终目标在于追求行政效率的不断提高。

政府职能主要有以下三点作用：（1）政府职能规定了国家行政活动的基本方向；（2）政府职能是建立行政组织和进行机构设置、人员配备的最基本依据；（3）行政职能的变化必然带来行政机构、人员编制以及运作方式的调整或改造。

而政府职能转变，主要是指国家行政机关在一定时期内，根据国家和社会发展的需要，对其应担负的职责和所发挥的功能、作用的范围、内容、方式的转移与变化。政府职能转变的必然性，是由影响政府职能的诸多因素所决定的。包括管理职权、职责的改变（对哪些事物负有管理权责，管什么，管多宽，管到什么程度），管理角色（主角、配角等）的转换，管理手段、方法及其模式的转变等。习近平总书记在党的十八届二中全会第二次全体会议上明确指出："转变政府职能是深化行政体制改革的核心，实质上要解决的是政府应该做什么、不应该做什么，重点是政府、市场、社会的关系，即哪些事该由市场、社会、政府各自分担，哪些事应该由三者共同承担。"① 经济新常态下，政府职能转变的核心仍然是处理好政府和市场的关系，使市场在资源配置中起决定性作用和更好发挥政府作用，这对于实现国家治理体系和治理能力现代化具有十分重要的现实意义。

武昌区在全面深化行政体制改革中，以职能转变为核心，坚持把

---

① 刘巧艳：《新时期我国政府职能研究述评》，《四川理工学院学报》（社会科学版）2013 年第 1 期。

职能转变放在更突出的位置，处理好政府与市场、政府与社会、政府层级间的关系，把该放的权力放开放到位，把该管的事情管住管好，推动政府职能向创造良好发展环境，提供优质公共服务，维护社会公平正义转变，切实提高政府管理科学化水平。

首先是深化行政审批制度改革，推行简政放权。最大限度减少政府对微观事务的管理，更好地发挥市场在资源配置中的决定性作用，激发市场活力、需求潜力和发展的内生动力。① 其次是创新和改善政府管理，加强事中事后监管。在推行简政放权、减少行政审批事项后，各部门能主动地适应由事前审批向更多事中事后监管的转变，有效履行职责，避免管理缺位，防止“一放就乱”。再次，创新公共服务提供方式，加强和改进公共服务。坚持政府主导，社会参与，不断创新公共服务提供方式，完善公共服务体系，提高政府公共服务能力。② 最后是要坚持依法行政，规范行政权力运行。构建决策科学、执行坚决、监督有力的权力运行体系，增强政府公信力和执行力。具体措施如表 3-1 所示。

表 3-1　　行政审批改革具体措施

职能整合	具体措施
深化行政审批制度改革，推行简政放权	做好国务院、省政府、市政府取消和下放行政审批事项的承接工作
	有序取消和调整行政审批事项
	清理规范审批中介环节
	减少预审和前置审批环节
	降低市场准入门槛，改善经济发展环境
创新和改善政府管理，加强事中事后监管	科学划分区、街道事权
	转变监督职能和监管方式
	推进集中统一综合执法
	加快电子政务和社会信用体系建设

① 艾琳、王刚、张卫清：《由集中审批到集成服务——行政审批制度改革的路径选择与政务服务中心的发展趋势》，《中国行政管理》2013 年第 4 期。

② 李立国：《创新社会治理体制》，《求是》2013 年第 24 期。

续表

职能整合	具体措施
创新公共服务提供方式，加强和改进公共服务	打造综合高效政务服务平台
	积极培育和发展社会组织
	加快推进政府购买公共服务
坚持依法行政，规范行政权力运行	完善科学民主依法决策机制
	推行行政审批规范运行
	全面推行权力清单制度
	建立健全各项监督制度

从表3-1中的具体措施我们可以看到，武昌区从深化行政审批制度改革，推行简政放权；创新和改善政府管理，加强事中事后监管；创新公共服务提供方式，加强和改进公共服务；坚持依法行政，规范行政权力运行这四个方面共推行16项具体改革措施，使全区审批事项大幅度“瘦身”。

第一，政府权力边界逐步厘清。通过多轮行政审批事项清理，一些政府不该管的事项得到清理、转移。这既有利于政府高效履行职责，也有助于逐步厘清政府与市场、政府与社会的边界。“管理就是审批”的观念正在成为历史。

第二，行政审批流程显著简化。从区级政府到街道再到社区，审批流程进行全面梳理，实现了审批层次、环节的大幅精简，提高了审批效能。行政审批标准化建设，以及全区各街道建立的行政事务服务中心“一站式服务”等，对于审批环节精简、审批速度提升都有一定的成效。

第三，阳光审批有序推进。通过公开审批事项的清理结果巩固改革成果，公开审批条件、指南、期限，方便社会公众顺利获取，公开审批结果，主动接受社会监督，利用“互联网+”打造电子政务平台，这些都使政府职能部门办公更加便捷化、透明化。

第四，坚持依法行政，构建政务服务体系。政府不断出台各项文件，为优化行政服务体制提供法律依据。同时通过制定各项权责清单，建立健全监督机制来规范行政权力的行使。

在进行一系列职能转变后，武昌区的区直部门服务社区工作职责与之前相比变化显著，具体职责如表 3-2 所示。

表 3-2 武昌区区直部门服务社区工作职责

1. 区委政法委要推进社会治理与服务信息化建设，以网格化、信息化管理为手段，着力构建全方位、宽领域、多层次的社会治理网络体系，提升社会治理与服务水平，进一步深化平安武昌建设
2. 区文明办要积极开展宣传教育活动，指导社区举办“道德讲堂”活动，组织开展模范市民、文明市民评选，开展文明小区、文明楼栋、文明家庭创建
3. 区老干局要大力开展“四就近”工作，加大对社区老干部活动的指导；组织老干部开展“美丽武汉我践行”活动，引导老干部为社区建设贡献余热
4. 区工会要组织开展职工技能培训，提高社区下岗失业人员就业技能，帮扶救助困难职工；定期组织开展送文艺演出进社区活动；深入社区开展劳动争议调解活动
5. 团区委要定期送心理辅导、法律援助、创业项目、家长课堂、儿童剧场等服务活动进社区；开展大中专院校“一对一”结对志愿服务；帮扶社区困难青少年
6. 区妇联要组织女性专场招聘会、家庭教育报告会等活动进社区；开展妇女维权法制宣传活动，帮扶困难女性；深化“江城好妈妈”等特色创建、评选活动
7. 区科协要组织开展“科普示范社区”创建活动，指导社区开展各类科普活动。开展“院士专家进社区”、科普大篷车社区行等各类科普讲座、培训、展览活动
8. 区残联要做好残疾人帮扶救助工作，为社区托养服务对象提供日间照料服务，为居家服务对象提供家政服务；组织助残志愿者定期到社区开展个性化扶残助残服务
9. 区教育局要指导社区开办“四点半学校”，组织中小学校与周边社区全面对接，选派教师志愿者每天到社区开展教育辅导；节假日组织学生参与社区读书、科普、体育等各类活动
10. 区民政局要指导社区加强居委会规范化建设，加强社区工作者力量整合；按照“四民工作法”实施社区惠民项目；开展社区居家养老服务；指导各类社会组织在社区开展活动
11. 区司法局要大力推进“律师进社区”活动，按照“一社区一律师”配齐社区律师，每周固定一天时间进社区开展服务；定期开展“法律援助进社区”活动
12. 区财政局要加大社区建设经费保障力度，落实社区工作经费和社区工作者报酬待遇，统筹各类相关资金，为社区开展活动提供资金支持；整合、落实社区惠民项目资金，加强资金监管，支持社区惠民项目建设
13. 区人力资源局要组织开展“充分就业社区”创建活动，及时发布就业政策以及培训信息；定期组织就业创业技能培训，加强对困难群体的就业援助；开展社会保障知识宣传活动
14. 区文体旅游广电局要加强对社区文艺团队的业务指导，组织开展迎春舞龙大赛、“武汉之夏”、群众文化艺术节等群众文化活动；开展电影下乡、图书漂流等文化惠民活动。要选派社会体育指导员，加强对社区体育活动团队的指导；开展健身项目进社区活动
15. 区卫计委要对社区卫生服务机构进行提档升级，实现“15 分钟社区卫生服务圈”；组织医务人员定期开展知识讲座、健康义诊等活动，方便居民就近就医。组织开展“婚育新风进万家”活动，宣传优生优育，做好育龄群众服务工作
16. 区房管局要全面推行“三方联动、四位一体”服务机制，提升社区物业服务质量和管理水平；组织物业公司开展“服务业主、创先争优”活动
17. 武昌公安分局要推进警务进社区，建立民警每周在社区现场接访日制度；推进社区“守护工程”建设，整改防范工作薄弱环节；定期发布警情预警提示，宣传治安防范知识

从表 3-2 可以得知，武昌区各部门的职能转变是以服务人民群众为导向的，不断地向服务型政府转变。各区直部门服务社区的工作职责都是为了更好地满足各层次居民物质文化等多方面的需求，通过职责的履行，拉进了政府与居民之间的距离，更好地处理好政府和社会的关系，有利于缓和社会矛盾，促进社会公平。

武昌区通过各部门职能的整合，解决了基层政府在社会管理体制上职责不清等严重问题。行政审批改革，权责清单重新界定等各项具体措施的实施，推进了政府部门的职能转变，使职责界定由宏观转向具体；逐步解决了基层政府原本职责分工过细，职能交叉重叠的问题；改变了原本各自为政，遇事推诿的工作状态。

二　机构的整合

机构改革是指为了适应社会政治经济发展的需要而对党政机关的管理体制、职能配置、机构设置、人员配备以及这些机构人员的组合方式、运行机制所做的较大调整和变革，政府机构的改革是其中主要的一部分。我国在改革开放后，共进行过 7 次大的政府机构改革，在 30 多年的改革进程中，政府经济改革的核心是适应经济和社会发展的需要来调整政府机构的结构和运行，重点调整政府与社会、政府与市场、中央与地方的关系。① 具体改革情况如表 3-3 所示。

表 3-3　改革开放以来我国 7 次政府机构改革

1982 年	以提高政府工作效率，实行干部年轻化为内容
1988 年	以简政放权，搞活企业为内容体现机构改革精简化
1993 年	以转变职能，政企分开，理顺关系，精兵简政为内容
1998 年	以进一步转变政府职能，优化政府组织结构为内容体现机构改革分权化、市场化
2003 年	以政府职能应集中于经济调节、市场监管、社会管理和公共服务为内容体现机构改革的国际化
2008 年	以深化行政管理体制改革，完善政府的公共服务职能为内容体现政府机构改革服务化
2013 年	以转变职能和理顺职责关系为核心，稳步推进大部门制改革

① 周志忍、徐艳晴：《基于变革管理视角对三十年来机构改革的审视》，《中国社会科学》2014 年第 7 期。

从表 3-3 中的多次政府机构改革我们可以看出，政府部门工作职能不断发生转变，机构的不断改革带动了政府管理方式的转变。而党的十七大报告也提出，要加大机构整合力度，探索实行职能有机统一的大部门体制，健全部门间协调配合机制。大部制改革是贯彻落实十七大精神的一个着力点，也是我国行政体制改革的新起点、新突破，对于在新的发展阶段继续全面建设小康社会、发展中国特色社会主义，具有深远意义。①

围绕着转变政府职能，坚持精简统一效能的原则，武昌区委、区政府在实验区建设过程中稳步推进大部制改革。加大机构和职责整合力度；理顺部门职责分工，统筹党政机构设置，加强综合管理和统筹协调职责；规范机构设置，严控机构限额。通过机构的整合，加快形成科学规范、精干高效的政府组织体系和权界清晰、分工合理、权责一致、法治保障的政府职能体系。

首先是推进政府机构和职责整合，通过调整，全区共设置政府工作部门 25 个，具体进行整合的政府机构如表 3-4 所示。

表 3-4　　区级政府部门机构改革

1. 将区经济和信息化局相关职责、区科学技术局（区知识产权局）职责与区交通运输局（区道路运输管理所、区物流局）的物流管理职责和全区主导产业升级发展、新兴产业培育发展等职责整合，组建区科技和产业发展局。不再保留区经济和信息化局、区科学技术局
2. 将民政、老龄、全国社区治理和服务创新实验区建设等职责整合，组建区民政事务管理委员会，不再保留区民政局
3. 将区国有资产监督管理办公室由在区经济和信息化局挂牌调整为区政府工作部门，将区财政局承担的行政事业单位国有资产管理职责划入区国有资产监督管理办公室
4. 将区工商行政管理局、区质量技术监督局的职责整合，组建区工商行政管理和质量技术监督局
5. 组建区金融工作局，为区政府工作部门，主要承担全区金融工作职责
6. 将区城乡统筹发展工作办公室的职责划入区建设委员会，不再保留城乡统筹发展办公室

① 陈天祥：《政府机构改革的价值逻辑——兼论大部制机构改革》，《中山大学学报》（社会科学版）2012 年第 2 期。

武昌区通过把业务相似、职能相近的政府部门进行合并，集中由一个大部门统一行使，一方面可以简政放权，减少部门和部门之间的职能交叉重叠、权限冲突，简化了公务手续，规范了公共权力运行；另一方面也可以减少横向协调困难，裁撤议事协调机构，有利于建立统一、精简、高效的符合市场经济和民主法治要求的现代化政府体制。当前武汉市的经济发展市场化程度越来越高，而政府对于市场的发展需要起到统筹规划、法治保障等作用，大部制改革的实施有效地减少了政府对市场的干预，更有利于政府发挥监管作用。

其次是推进直属事业单位改革，具体措施有 8 项，如表 3-5 所示。

表 3-5　　直属事业单位改革具体措施

直属事业单位改革具体措施
1. 保留区委党校（区行政学校）、区委党史办公室（区地方志编纂委员会办公室）、区媒体传播发展中心、区档案局（区档案馆）
2. 将区交通运输局承担的物流管理职责划入区科技和产业发展局；将交通运输行政管理职责划入区城市管理委员会，在区城市管理委员会挂区交通运输牌子
3. 将区园林局承担的城市绿化的规划、建设、行政许可等行政职责及区绿化委员会的日常工作职责划入区建设委员会；将园林公共绿地养护、公园管理和社区绿化等行政职责划入区城市管理委员会
4. 将区机关事务管理局承担的机关事务行政管理职责划入区政府办公室，不再保留区机关事务管理局
5. 将区老龄工作委员会办公室的职责划入区民政事务管理委员会，在区民政事务管理委员会挂区老龄工作委员会办公室牌子
6. 组建区电子信息中心，为区政府直属事业单位，主要承担全区电子政务网络规划、建设、管理、运行维护、技术服务等职责
7. 组建区机关运行保障中心，为区政府直属事业单位，主要承担机关运行后勤保障、财会服务等职责
8. 组建区城市网格化指挥中心，为区政府直属事业单位，主要承担城市管理与公共服务系统的日常运转、信息采集、受理分办、调度指挥、监督考评等职责

在直属事业单位改革的具体措施中，我们可以看到，不仅将一些事业单位进行保留合并和职能的重新规划，还将组建区电子信息中

心、区机关运作保障中心和区城市网格化指挥中心。组建电子信息中心，对于完善市—区—街道—社区四级联网网络体系提供了坚实的技术保障。电子政务的建设有利于加强部门和居民的沟通，架起政府和公众沟通的桥梁，也更加方便公众监督政府行政工作的实施。组建机关运行保障中心，则主要是对区机关事务的运行起服务保障和监督作用。组建区网格化指挥中心有利于贯彻执行国家、省、市有关电子政务和信息化工作的法律法规和方针政策，有利于统筹全区城市网格化管理监督等各项工作。网格化网络体系的完善有利于实现全区服务精细化、信息平台化。

最后统筹推进相关改革。主要从推进区综合执法体制改革、深化街道行政体制改革、加快事业单位分类改革和深化后勤服务管理体制改革四点来全面系统地推进相关改革。

（一）大力推进区综合执法体制改革

实行将区、街联动，坚持属地管理、条块结合、以块为主的原则和缩短执法半径、提高管理效率的工作思路，在全区实施“一支队伍管全部”的城市管理综合执法体制改革，为强化街道和基层政府的管理效能提供了坚实的体制机制保障。整合职能，推行综合执法。实行区、街联动，加强部门“条”和街道“块”的统筹安排，整合区城管委城管执法大队、区城管委城市绿化监察中队、区环保局环境监察大队、区水务局水政监察大队、区道路运输管理所等执法队伍，组建城市管理综合执法大队，依据法律法规按程序授权，在城管、园林、交通、环保、水政等领域实行集中统一综合执法。“政策集成、工作集聚、力量集合、资源集中”的城市管理综合执法大格局逐步形成。一是强化基层，完善体系。按照“重心下移、属地管理、责权一致、讲究高效”的原则，根据区域工作需求，推进执法力量向街道下沉。在区城市管理综合执法大队设置 15 个执法中队向全区 13 条街道派驻，其业务具体由所在街道与区城管执法局共同管理，日常工作以街道监管为主，在方便工作衔接、强化基层管理的同时，保证了本地执法工作的整体性和有效性。二是动态调整，充实力量。实行人员、编制、经费统一管理，夯实管理基础。在现有人员编制基础上，综合考虑机构改革和实际工作需要等因素，进一步充实基层街道执法人员人数，同时人员编制向管理范围广、业务复杂的街道予以倾斜并适时调整，不断提升城市综合管理执法水平。

（二）不断深化街道行政体制改革

在深化街道体制改革的过程中，武昌区重构了街道的职能定位，明确街道党工委、办事处是区委、区政府的派出机关，是区域化党建工作和社会治理的领导核心。根据新时期的要求，重新定位 8 个方面的街道职能，即加强基层党建、统筹区域发展、组织公共服务、实施综合管理、监督专业管理、动员社会参与、指导社区自治、维护公共安全；重点推动 4 支执法力量下沉。按照“区属、街管、街用”的思路，推动驻街机构司法所、食药监所、工商质监所和城管执法中队 4 支行政执法力量向街道下沉。派出（驻）到街道的机构，实行双重管理，行政执法工作由所在街道负责综合统筹协调，接受区级行政部门的指导和监督；派出（驻）到街道的机构党的关系实行属地管理，区级行政部门根据街道意见，对派出（驻）机构人员进行任免交流和奖惩使用；合理核定街道编制职数。建立街道与职能部门、街道与街道之间的编制动态调整机制，结合权限下放和重心下移，推动编制资源向街道下沉，盘活用好现有编制存量，按照街道面积、人口、经济和社会发展情况，调整各街道编制。街道内设机构行政编制一般不少于 3 名；街道党政领导职数控制在 7 名以内，党工委领导职务与办事处领导职务可交叉任职等。

（三）加快事业单位分类改革

按照适度规模、科学布局和便民高效的原则，调整优化事业单位布局结构。规范公益类事业单位机构编制管理，稳步推进行政类和经验类事业单位改革，对承担行政职能的事业单位的改革调整，结合政府机构改革一并进行；对从事经营活动事业单位的改革，积极创造条件，成熟一个改革一个，逐步到位。积极推进公园、绿化设施、环境卫生、城市道路等事业单位管养分离改革。抓好人事管理、收入分配、社会保险、财政等事业单位改革配套政策的衔接和落实。加快事业单位分类改革的根本目的是促进公益事业发展，满足人民群众公益服务的需求。事业单位与政府部门不同，它广泛分布在教育、科技、文化、卫生等与民生密切相关的领域，是政府提供公共服务的主要载体。公益事业发展滞后会积累民生矛盾，因此只有加快推进事业单位分类改革，才能不断满足人民群众日益增长的公益服务需求。

（四）深化后勤服务管理体制改革

在2009年改革的基础上，继续在全区党政群机关全面深化后勤服务社会化改革。党政群机关不核定后勤服务人员事业编制，核减原来核定的后勤服务工作用人额度。原后勤服务事业编制人员采取“老人老办法”，只出不进，通过自然减员、内部转岗、提前退岗等办法逐步消化解决。加快推进党政群机关公务用车等领域的改革。

机构的整合有效地回应了社会需求和公民的诉求。大部制改革的实施使政府简政放权，由“管控”转向“服务”，有效地减少了政府对于市场的干预，更有利于政府发挥监管作用，政府通过提供服务来回应公众的诉求。此外，机构的改革解决了以往职能部门职能交叉重叠、模棱两可、行政事项“交叉”或“空挡”现象，使政府组织结构进一步优化，转变为服务型、整体型政府。

机构的整合是深化行政体制改革的重要环节，未来政府机构改革仍会朝着“宽职能、少机构”的方向发展。武昌区还需要继续优化政府组织结构，提高行政效能，这样才能够有效地解决制约经济发展的体制性问题，为全区的经济长远发展提供更有力的保障。

三 资源的整合

城市基层治理水平的进一步提升必须依靠政府机构和社会力量共同行动，而社会力量对城市基层治理的参与就意味着必须发展城市居民自治，城市居民自治的发展不仅需要改革现行的街道—居委会体制，更为重要的是整合社区内部的治理资源。当城市基层治理水平的提高乃至特大型城市整体治理水平的提高难以完全依靠政府机构来实现时，如何发挥社会自身的治理资源的作用就成为城市治理所必须回答的问题。[①] 因此，改善城市基层治理的基本路径就是改革行政体制。

武昌区在资源整合的过程中，建立了与行政组织体系同步的社会工作组织体系，实现行政资源与社会资源、政府治理力量与民间治理力量多方合作，将各职能部门涉及民生服务的如信息、资金、智力等资源统一整合，统一分配给社区，避免资源分割现象。

（一）整合资金资源

资金方面，武昌区整合相关部门投入到社区的专项资金，由财政部门归口，直接拨付给街道统一管理使用；由民政委牵头统筹推进社区基础设施建设，整合打造社区民生服务综合体，实现民生资源投放科学、集约、精准。在2012—2014年投入2亿元建设社区居民活动用房的基础上，从2015年起，再投入3亿元提档升级社区居民活动用房，确保全区140个社区居民活动用房达到1000平方米以上；在2012—2014年投入1.5亿元改造老旧小区的基础上，从2015年起，再投入2亿元，使全区116个老旧小区达到全国和谐社区建设标准；每年向每个社区投入20万元惠民资金，作为活动经费。以下是中央花园社区2015年对于20万惠民资金的使用情况。

表3-6　　中央花园社区2015年惠民资金使用情况

使用类别		使用事项	费用
社会服务	公益创投	“1+1”南湖便民服务中心签订协议，承接购买服务，一年2万元购买10个项目的12次服务	0.8万元
	社区社会组织培育	车友协会组织“争做文明驾驶员”道路安全知识比赛活动	0.5万元
		宠物协会开展社区“文明养宠趣味比赛”活动	0.492万元
	社会服务	社区志愿帮扶	0.8万元
		开展绘画培训活动，安全知识问答活动，自然科学趣味竞答活动，参观湖北省博物馆活动，青少年趣味运动会活动	1万元

① 宋道雷：《国家治理的基层逻辑：社区治理的理论、阶段与模式》，《行政论坛》2017年第5期。

续表

使用类别		使用事项	费用
社会活动	幸福社区创建	社区开展“送报到家”活动	0.6552万元
	开展邻里文化活动	南湖街“吉羊迎春闹元宵”、舞动生活精品广场舞展演、健身项目展示、纪念抗战胜利暨反法西斯战争胜利70周年文艺演出等活动	1.48万元
社区环境		在社区休闲广场更换安装休闲座椅23把	1.288万元
		社区“夕阳红风情园”桌椅更换及添置户外帐篷，更换桌椅10套、帐篷2顶	4.5万元
		对社区20个太阳能路灯进行了维修维护	2万元
		红杜里自行车棚重建	4.73万元

从表3-6中我们可以看到，中央花园社区20万惠民资金主要用于社区服务、社区活动、社区环境、社区管理等方面，根据其社区的实际情况，结合居民的意见统筹安排，确保将政府的资金投入发挥最大的作用。

为了更好地了解惠民资金的使用，武昌区粮道街各社区采用问卷的形式对惠民资金使用情况进行了调查。搜集的居民建议有如下8条：管理放学的孩子，加强卫生管理；希望资金使用公开透明，多倾听百姓心声；装摄像头；在街区补加座椅；服务居民用于群众所需，适当安装健身器材；福利村安装一些公共设施，修建下水道，安装运动器材；建议马道门小区建一个活动场所；希望社区在新的一年里，继续为居民做好事，做实事。从这些建议中，我们可以看到社区居民都希望惠民资金能够做好事，做实事。改善原本的居住环境，在物质上和精神上丰富居民生活。惠民资金能够真正专款专用，落实到社区，合理利用，通过惠民资金的账务公开来接受社区居民的监督，同时增加居民对惠民资金使用情况的了解。

除此之外，武昌区还通过如公益创投项目比赛、养老、助残、失独等政府购买服务项目招投标，在妇联、司法、残联等枢纽型社会组织中逐步开放专业社工岗位等形式，通过政府购买来加强和创新社会管理，鼓励社会力量参与社会治理和公共服务。例如，每年举办的公益创投大赛都有100万元的专项资金，用于获奖项目的实施，其目的就是充分调动社会组织、社会工作者和其他社会力量参与社区建设的主动性、积极性和创造性。通过政府购买服务平台的搭建，将政府各项资助资金作为引导资金，来整合各部门、街道资源，鼓励社会力量参与各项目平台，并带动其他社会资源的融入，这样既整合了资源又节约了社会成本。

（二）整合智力资源

智力资源是从智力活动效能方面对人力资源的一种特殊规定，指经过一定的专业技能培训之后，能够从事脑力劳动并带来一定经济或社会效益的个人或群体。智力资源是一种由无形资源和有形资源组成的特殊社会资源，它既包括具有各种能力的人的智力这一无形资源，又包括智力成果和智力载体等有形资源。在社会治理过程中智力资源的优化整合能够更好地促进社会各方的良性互动。武昌区通过高位嫁接、借力引智、多方联动，撬动整合多方治理资源，搭建智力资源互动平台。

1. 整合高校资源

武昌区被民政部确定为武汉市唯一的“全国社区治理和服务创新实验区”，同时，被民政部评为武汉市唯一的“首批全国社会工作服务示范地区”，另外，武昌区政府在2014年就与省民政厅和武汉大学、华中科技大学、华中师范大学等八所高校签订合作共建协议，在建设全国社区管理和服务创新实验区工作中，积极寻求上级部门的工作指导和高校人才智力资源。

通过与八所高校签订共建协议，高校将指导、帮助武昌区推进社区基层治理与服务创新、社会组织孵化基地能力建设，提供专业师资团队支持，建成武昌区高校专业培训基地，合作建成校区志愿者服务的长效机制。区、街将高校社会学院、城市社区建设研究中心师资力量纳入武昌区专家智囊库，为高校师生开展政策研究、实务调查、实习挂职等提供实训平台。为高校实施社会项目连接所需资源，提供资金援助、政策优惠、综合协调等支持服务，降低成本，提高项目运作效率。为高校大学生志愿者工作提供人身保险，连接社会工作机构为高校提供志愿服务培训、志愿者管理与激励，为高校提供社会公益项目创业扶持、就业实习岗位。

案例：湖北大学与徐家棚街道展开合作促进双方共同发展

湖北大学作为徐家棚街道办事处管辖区内的重要组织，双方长期以来有着密切的交往联系。本着互惠互利、诚信合作、共同发展的原则，在自愿平等基础上，双方于2015年6月签订了战略合作框架协议，互为战略合作伙伴关系，并长期保持。主要内容是湖北大学为徐家棚街道提供相关硬件资源，如博物馆、图书馆、体育场馆等；提供相关智力支持。学校发挥智力资源优势，提供师资力量，与其共同建设社区教育学院，每年授课12次，共同推进社区居民大讲堂建设，每年开展活动6次；提供相关学生资源。学校为街道提供实习生参与社区建设，人数不少于10人，实习时间不低于2个月。

街道则在管理范畴和执法权限内，确保办学和管理秩序稳定，大力支持湖北大学大学生科技创业社区和大学生创业孵化基地的建设；在开展人员培训、专项调研、环境营造等各种需要高等学校（或其他教学科研单位）资源的项目时，将湖北大学作为首选合作对象；街道为学校提供社会资源。在街道能力范围内，为学校提供开展人才培养、科学研究和学科建设等工作所需的数据、材料、试验基地等相关资源；为学校提供合作资源，街道发挥基层政府资源优势，积极组织辖区单位与湖北大学开展广泛合作，推动社会力量助学助研。

2. 整合专业社工资源

专业社工机构是以社会工作者为主体，坚持“助人自助”宗旨，遵循社会工作专业伦理规范，综合运用社会工作专业知识、方法和技能，开展困难救助、矛盾调处、权益维护、心理疏导、行为矫治、关系调适等服务工作的民办非企业单位。它是吸纳社会工作人才的重要载体，是有效整合社会工作服务资源的重要渠道，是开展社会工作专业服务的重要阵地。

武昌区积极整合专业社工资源，与辖区内外专业社工机构开展合作，这对于进一步推进社会工作及其人才队伍建设，预防和解决当前社会发展中存在的各种矛盾和问题，推动政府转变职能，创新社会管理和公共服务方式，加强以改善民生为重点的社会建设，促进社会和谐，具有重要意义。表 3-7 为实验区建设过程中，武昌区“三社联动”试点项目承接机构情况。

表 3-7　　武昌区“三社联动”试点项目承接机构情况

序号	项目名称	机构
1	杨园街“三社联动”试点项目——“聚能杨园”社会工作专业服务项目	武汉市武昌区郦民社会工作服务中心
2	水果湖街“三社联动”试点项目——“乐龄创享”社区社会工作服务项目	武汉楚馨社会工作服务中心
3	粮道街“三社联动”试点项目——“协同善治”社会工作专业服务项目	武汉博雅社会工作服务中心
4	徐家棚街“三社联动”试点项目——“多元共治”社会工作专业服务项目	武汉爱熙社会工作服务中心
5	积玉桥街“三社联动”试点项目——“同建同治”社会工作专业服务项目	武汉博雅社会工作服务中心
6	中华路街“三社联动”试点项目——“文化营造”社会工作专业服务项目	武汉爱熙社会工作服务中心
7	黄鹤楼街“三社联动”试点项目——“睦邻社区”社会工作专业服务项目	武汉市武昌区华仁社会工作服务中心
8	紫阳街“三社联动”试点项目——“共治共享”社会工作专业服务项目	武汉爱心天使社会工作服务中心
9	白沙洲街“三社联动”试点项目——“慧治白沙”社会工作专业服务项目	武汉市泽霈社会工作服务中心
10	首义路街“三社联动”试点项目——“同心同向”社会工作专业服务项目	武汉逸飞社会工作服务中心
11	中南路街“三社联动”试点项目——“治惠中南”社会工作专业服务项目	武汉博雅社会工作服务中心
12	水果湖街“三社联动”试点项目——“益创水果湖”社会工作专业服务项目	武昌区社会工作者协会
13	珞珈山街“三社联动”试点项目——“银龄互助”社会工作专业服务项目	武汉市万帮社会工作服务中心
14	南湖街“三社联动”试点项目——“公益微创中心”社会工作专业服务项目	武汉市武昌区乐仁乐助社会创新与发展中心

可以看到，近年来武昌区和多个社工机构进行了合作发展。这样一种资源互补形式，政府将社会工作支持政策、资金借助专业社会工

作服务机构转化为公共服务，而机构拥有服务人力资源、服务技术和配套设施，需要的则是政策的支持和服务项目。双方资源互补的同时，专业机构自身的资源也被带动起来，融入项目服务之中，也就是说政府在整合专业社工资源的同时，还搭建了机构背后的企业等多方面资源的互动平台。

各方资源的优化配置和整合，有利于更好地创新社会治理模式。随着社区居民文化程度和法律意识不断提高，居民主体性意识和法制意识逐步增强，自上而下的管制模式已不适应当代社会的发展。它忽视了社会公众对公共事务的参与以及社会公众的需要，忽视了社会公众对政府管理行为的监督。而政府通过对资源的整合，发展了各方社会力量，调动了居民参与社会治理的积极性，改变了以往自上而下的传统行政管理模式。①

四 行动的整合

社区基础设施建设以往的做法多是职能部门各自为政，规划、招投标、施工都相对独立，由此带来重复开挖的现象时有发生。2014年，武昌区开全市先河，在积玉桥街凤凰山等3个社区进行统筹施工试点，成效显著，一年下来共节省招标施工费用181万元，缩短施工时间3个月以上，避免了重复开挖和施工扰民。2015年，《武昌区统筹推进社区基础设施建设工作的实施意见》出台，15个社区列入改造范围，按照“多方整合资源，统筹协调安排，整体联动推进”的项目运作新模式，由区民政局牵头，统筹协调街道办事处及区建设、城管、水务、园林、综治、房管、房地公司8个部门，统一进行道路维修改造、排水管网改造、绿化补栽、路灯新装及维修、架空管线规整、监控探头维修及改造等工程，实施一次性规划、一次性招投标、一次性施工、一次性验收。为保证工程质量，实施过程中各社区还聘请两至三名群众为义务监理，全程监督。

① 孙涛：《当代中国社会治理精细化转型及路径探析》，《北京交通大学学报》（社会科学版）2017年第4期。

表 3-8 为 2014—2015 年武昌区基础设施建设项目。

表 3-8　　2014—2015 年武昌区基础设施建设项目

年份	项目	相关部门
2014 年	（1）完成 2 个社区卫生服务中心建设	卫计委
	（2）完成 41 家社区卫生服务站建设	卫计委
	（3）完成 5 家社区养老院建设	民政局、相关街道
	（4）完成 10 家社区居家养家建设	民政局、相关街道
	（5）完成 15 个老年人户外健身场所建设	民政局、相关街道
	（6）铺设改造社区道路	城管局
	（7）清洗全区 1485 个社区水箱	水务局
	（8）老旧社区排水管网改造	水务局
	（9）老旧社区园林绿化提档升级	园林局
	（10）新建 15 个社区户外健身场所、配备社区健身器材	文体旅游广电局
	（11）完成 48 家集贸市场改造	工商局
2015 年	（1）建设以邻里中心为代表的社会商业设施 15 家	商务局
	（2）老旧物业管理实现全覆盖	民生委、房管局
	（3）社区绿化提档升级全覆盖	园林局
	（4）社区排水设施提档升级全覆盖	水务局
	（5）社区道路设施提档升级全覆盖	城管委
	（6）社区十五分钟便民生活圈全覆盖	民政委、商务局

针对上述基础设施建设项目，武昌区还制订了统筹施工流程，使施工过程更加规范化、程序化、标准化。先由社区召开听证会，收集群众意见，进行需求调查；再由民政部门组织相关职能部门查看现场，提出建设项目和规范标准，各职能部门及供水、供电、燃气等企业对接施工项目；以街道为业主单位，根据建设项目请区各职能部门核对项目，进行初步估价；区民政局汇总后，由区建委列入年度城建计划并上报区政府，纳入财政预算并提交人大会进行审议通过；最后委托规划部门设计，实行统一招投标，由一家单位施工，相关部门最终来进行工程验收审计。

通过梳理和清理社区工作事项，进一步明确社区依法协助行政服务事项清单和社区居民委员会印章使用范围。凡确需社区居民委员会协助政府的工作事项，市级层面由市社区建设领导小组集体研究决定，区级层面由区社区建设领导小组确认下达，并提供必要的经费和工作条件。这样一来，社区建设行动既降低了行政成本，提高了工作效率，又能切实服务到居民，满足居民的需求。

通过行动的整合，改变了政府重政治职能和经济职能、轻社会管理职能的局面。政府通过统筹协调，完成了武昌区多项基础设施建设和民生项目。政府对于推动社会事业进步，保障和改善民生，提高人民生活质量等方面的热情较以前明显提高了。将主要的精力投身于社会事业发展和社会公共服务等方面，解决了社会管理职能被冲淡或挤压这一社会管理难题。

第三节　基层政府整合的方式

由于市场改革、快速的城市化以及多种社会分化机制的影响，城市基层社区出现了双重碎片化。作为一种过渡的城市现象，社区的碎片化带来了严重的社会政治后果，蕴藏着较高的社会风险，人们越来越处于一种分化、割裂的不确定性之中，社区的有效治理面临着极大的挑战。从总体上看，目前的社区治理模式往往是一种以“被动防范、维护现状”为目标的消极管理模式，而不是一个以改善社区状况、建设更好社区为目标的积极治理模式。在很多情况下，基层政府拥有大量资源，有能力进行社区重整，但是往往缺乏实现积极有效治理的动力和机制，导致仍然沿着一种传统的惯性思维延续既有的管理模式。

只有清楚地意识到社区碎片化的严重后果，及时转变治理理念和治理方式，激活现有的组织资源、市场资源和社会资源，才能够以一种积极有效的治理方式去实现社区重整和有效治理。如果以更加长远的视野来审视，实现社区有效治理仅仅是社区发展和建设的开始，而更加长期的目标应该是改善社会，推动社会的发展和进步，为社会的长期可持续发展提供稳定的基础。因此，基层政府如何改变之前角色的错位和失位，积极统筹整合资源进行有效的社会治理就是解决问题的关键。①

武昌区实施“政府+行动”方案，出台《关于深化中心城区街道行政管理体制改革的实施意见》，深化街道行政体制改革，合理界定区级职能部门、街道的职责边界，不断整合基层政府机构和职能，转变政府角色定位，积极探索社会治理新模式。基层政府整合主要包含区级政府和街道两个层面，整合的具体方式如下。

一 区级政府整合

社会管理职能是基层政府重要职能之一。这一职能对于政府统筹经济社会发展，推进社会事业进步，保障和改善民生，提高人民生活质量等都具有重大意义。因此，政府需要横纵治理，整合统筹，更好地完善社会管理和公共服务的职能，处理好政府和社会、政府和市场的关系。

（一）横向整合，实行大部门治理

2007 年 10 月，中共十七大明确提出：“加大机构整合力度，探索实行职能有机统一的大部门体制，健全部门间协调配合机制。”于是，大部门制作为中国政府机构改革的一个确定方向，迅速走进人们的视野。所谓大部门制，即在政府机构设置上，在横向整合职能和管辖范围相近、业务性质类似的政府部门，组建一个大的部门统一行使相关管辖权的管理体制。与传统的专业性部门相比，大部门管辖范围较宽，侧重于宏观管理，侧重于制定战略和大的政策。②

大部门制的优势主要表现在：

第一，有利于理顺政府与社会、政府与市场的关系。大部门制跳出了传统机构改革的模式，朝“小政府、大服务”的方向突破。大部门制强调政府的宏观调控作用，容易从公共利益的角度思考如何创造一个有利于不同行业、不同利益主体之间和谐共处、互补协调发展的制度环境，突出政府的公共服务职能，更多地思考如何更好地为市

---

① 尹浩：《碎片化社区的多维整合机制研究》，《社会主义研究》2015 年第 5 期。

② 张康之：《走向服务型政府的“大部制”改革》，《中国行政管理》2013 年第 5 期。

场服务、为社会服务的问题。

第二，大部门制有利于决策的科学性，提高决策效能。由于大部门制把职能相关或相近的部门事务都集中在一起，这样在做决策时，一是信息更加全面可靠，二是视野更宽，三是可以减少“经济人”的自利动机，四是决策与执行分离后可减少非决策因素对决策的不当干扰而使决策更接近“应然”状态，从而提高决策的科学性和效能。

第三，大部门制有利于提高行政管理效率。大部门制有利于化解政府机构重叠、职责交叉、政出多门和有责无权或有权无责的矛盾，减少互相扯皮和公文旅行的现象，减少传统部门细化设置下不同部门之间过多的协调环节，较好地做到权责匹配明确，提高管理效率。

第四，大部门制有利于精简机构和人员。在部门设置过多的情况下，每个部门都是相对独立的，都有各自相应的一套内部机构和人员，所谓“麻雀虽小，五脏俱全”，从而引起机构的膨胀和臃肿。而大部门制则不同，虽然其目的不在于机构精简和裁减人员，而在于建立权责一致、分工合理、决策科学、执行顺畅、监督有力的行政管理体制，但由于部门数目减少，客观上有利于机构精简和人员裁减。

武昌区委、区政府正是看到了大部门制的优势，因此大力推行大部制改革，积极整合民政、老龄委、残联、社区教育学院等部门职能和资源，成立民政事务管理委员会，统筹和协调全区大民生工作，统筹全区治理及服务体系，加强全区社会组织管理工作等。将区经济和信息化局、区科学技术局、区交通运输局的相关职能整合，组建区科技和产业发展局；进一步整合城管、园林、交通、环保、水务等执法资源，成立城市管理综合执法大队，实行统一集中综合执法。积极推进市场综合监管体制改革，合并区工商、质监等市场监管职能，组建工商行政管理和技术监督局等，提升市场监管效能。

以成立武昌区民政事务管理委员会为例，武昌区通过将民政、老龄委、残联、社区教育学院等部门进行整合，成立民政事务管理委员会。成立后的民政事务管理委员会不单单只是几个机构部门简单地合并在一起，而是对职能、人员安排等都进行了整合优化，从而提高行政效率。

首先在职能上进行了重新调整，新增三点职责：（1）对全区大民生工作的统筹、协调；（2）指导和管理全区残疾人服务工作；（3）指导社区教育和老年教育工作。从新增的三点职责中可以看到，与居民密切相关的民生工作被提及，对老年人、残疾人等弱势群体的服务工作，其实也都属于民生工作的一部分。这说明武昌区对于民生工作十分重视，看到了解决民生工作的重要性。

二是在机构设置上，设5个内设机构，分别为党政办公室、行政许可科（区社会组织管理局）、优抚安置科（区拥军优属、拥政爱民领导小组办公室）、基层政权和社区建设科、老龄工作科（社会福利和社会事务科）。机构精简后，职能分工更加明确，有利于化解政府机构重叠、职责交叉、政出多门和有责无权或有权无责的矛盾。

三是在人员编制上，机关行政编制14名，其中党委书记、主任1名，党委副书记1名，副主任2名，兼职副主任1名（由区残疾人联合会理事长兼任），科级领导职数5名。人员精简之后客观上更有利于提供工作效率，避免机构臃肿，工作互相推诿、工作积极性不高的局面。

（二）纵向治理，统筹社区建设

1. 统筹资金经费投入

为贯彻落实市委、市政府《关于改进社区治理方式提升管理服务水平的意见》，按照区委、区政府《关于创新社会治理加快社区建设的意见》相关要求，武昌区委、区政府以党的十八大和十八届三中、四中全会精神为指导，不断完善社区经费预算编制，进一步加强社区经费的统筹管理，健全社区经费投入保障机制，推动社会治理和服务创新，促进社区治理水平提升。

武昌区将社区党建经费和社区建设经费纳入区财政预算，逐步形成与地方财政同步增长机制。精减社区经费科目，理顺拨付渠道，减少临时性、随意性资金安排。全面整合组织、综治、民政、人社、城管、房管等部门对社区投入的专项资金，如计划生育专项资金、社区党建经费、科普经费、社区教育经费、体彩和福彩经费、残保金等，都由财政部门负责归口，直接拨付给街道统一管理，财政和审计部门负责对资金使用情况进行监督，提高社区建设资金的使用效能。建立财政资金、公益创投、社会捐赠资助、辖区单位共建等多元投入机制，规范社区经费使用监督管理办法，确保社区经费专款专用、落实到位，有效提高社区建设资金的使用效能。统筹的具体措施如表3-9所示。

表3-9 社区资金投入分类和管理方式

资金的分类和内容	社区建设类资金，包括基层政权建设专项资金、社区基础设施统筹建设资金等
	社区日常运行类资金，包括社区工作人员经费、社区工作经费、各项政策性补助以及各职能部门拨付给社区的资金
	社区专项用途类资金，主要包括计划生育专项资金、社区党建经费、科普经费、社区教育经费、体彩和福彩经费、残保金等
整合后资金管理方式	社区建设类资金。基层政权建设专项资金按照区委、区政府工作部署和安排，由区财政局在全区总预算中作安排，具体项目预算由区委组织部、区民政局负责编制，经区委、区政府批准后报区财政局，区财政局将预算直接安排到街道，由街道根据项目实施进度安排支付。社区基础设施统筹建设资金由区民政局负责编制具体项目预算，经区委、区政府批准后列入当年城建计划；区财政局将预算直接安排到街道，由街道根据项目实施进度安排支付。社区建设类资金必须专款专用，不得挪作他用
	社区日常运行类资金。人员经费预算由区财政局会同相关部门编制，资金直达个人账户。社区工作经费由区民政局编制预算，资金直接安排到街道，由街道统一使用。各职能部门安排到街道的各项经费，由部门提出分配标准和方案，预算直接安排到街道，由街道统筹安排工作及资金使用
	社区专项用途资金。预算安排在各职能部门，年度执行中，由职能部门提出资金分配方案报区财政局，财政局将预算指标调整到街道，由街道安排使用

通过统筹资金投入，能够更好地避免资金使用“碎片化”，盘活各类财政资金，统筹用于发展重点领域和优先保障民生项目，增加资金有效供给。专款专用避免了以往使用过程中资金被挪作他用的可能。统筹的资金统一按照一定的方式进行规范化管理，既健全了社区经费投入保障机制，又对促进社区治理水平提升起到了良好的作用。

2. 统筹社区基础设施建设

随着居民生活水平的不断提高，居民对于社区的基础设施的完善也有了更高的要求。社区是人们日常生活和开展活动的场所，社区基础设施的完善与否直接关乎居民的物质精神文化需求满足与否。因此，武昌区出台了《关于统筹推进社区基础设施建设工作的实施意见》，由区社区办牵头，统筹协调区建设、城管、综治、水务、园林、房管等部门，统一研究社区基础设施建设项目，实施社区“家园计划”。组织力量对社区基础设施状况进行全面调研，逐个社区形成评估报告、系统建设方案和资金投放计划。健全社区基础设施建设机制，统筹全区各相关部门面向社区的政策、资金和项目，合理安排综合使用，完善“需求申报—计划集成—项目实施—群众监督—效用评估”工作链条。着力加大老旧小区整治改造力度，积极破解老旧小区住宅物业共有部位、共有设施维修难问题。

近几年来，全区统一调配社区基础设施建设资金 1.3 亿元，整合“大城管”、幸福社区创建、老旧物业社区提档升级等各职能部门的工作资源，集中力量推进社区基础设施建设。通过整合各职能部门的财力和各类资源，缩短了招投标和施工的周期，形成了“政府总引领、职能部门监督、街道社区主导、专业团队运作、社工指导、居民参与”的项目化运作工作新模式，有效提升了居民群众的满意度。

案例：武昌区 2015—2016 年基础设施建设社区情况

2012—2014 年，全区 177 个社区，已进行了 114 个社区的基础设施建设，余下 63 个社区，除去 12 个单位型社区，已拆迁或拟将拆迁的 29 个社区中，还有 22 个老旧社区要进行基础设施建设。结合幸福社区创建计划和全区老旧社区基本情况，2015 年安排 15 个社区，2016 年安排 7 个社区。

表 3-10　2015—2016 年基础设施建设社区情况

街道	2015 年建设社区	2016 年建设社区
杨园街	欧景苑社区 铁机路社区	
徐家棚街	秦园路社区	
积玉桥街	尚隆苑社区 新河社区	沙湖社区　中山社区
粮道街	民主路社区	小东门社区
黄鹤楼街	中营社区	花堤社区
紫阳街	梅隐寺社区 起义门社区	

续表

街道	2015 年建设社区	2016 年建设社区
白沙洲街	邮电社区 涂家沟社区	
首义路街	大东门社区	中山路社区
中南路街	莲溪寺社区	长春社区　石牌岭社区
水果湖街	姚家岭社区 科苑社区	
合 计	15	7

到 2017 年，全区将基本完成所有的社区基础设施建设。社区基础设施建设作为一个系统化的工程，关系到广大居民的切身利益。武昌区在统筹基础设施建设的过程中，正是有了党委、政府领导，民政部门牵头，相关部门配合，社会力量支持，居民广泛参与所形成的整体合力，才使全区的建设过程有条不紊地进行。

3. 统筹社区民生项目资源

大力保障和改善民生，着力解决关系人民群众切身利益的生活、生产和生命安全问题，保障人民群众的经济、政治、文化、社会和生态权益，使人民过上美好幸福的生活，是党和政府一切工作的根本出发点和落脚点。随着居民物质文化水平不断提高，民生问题实现了从生存需求向发展需求、从物质需求向文化需求、从实物需求向服务需求的重大转变。大力保障和改善民生，是构建社会主义和谐社会的关键。

武昌区通过“契约式”管理理念和“参与式”治理方式，对社区事务和公共服务项目进行分流，清晰列明政府服务、社区网格员、志愿者等职责清单，各司其职、服务群众。把居民养老、卫生服务、精神文明建设、社区环境建设等统筹起来，在工作安排、项目规划等方面切实加大统筹、调配力度。建立直接服务社区承诺制度，涉及社区民生工作的职能部门在社区公示服务项目、工作标准、责任联系人及电话，限时解决社区居民遇到的困难和问题。建立并落实社区课堂清单制，每年举办社区大讲堂活动，同步规划、同步推进社区教育学院和社区老年教育、社区科普教育，打造“家门口”的社区教育阵地，满足居民群众多元化、多层次的精神文化需求。

表 3-11　中央花园社区邻里文化活动中心（社区教育点）课程

星期	活动类别及时间	
	上午（9：00-12：00）	下午（2：00-4：00）
星期一	腰鼓、黄梅戏	黄梅戏
星期二	合唱、民族舞	民乐、形体、电脑
星期三	声乐、“时尚七太”	声乐提高班、“时尚七太”
星期四	健身操	葫芦丝、形体、拉丁舞
星期五	布艺、太极拳	民乐、健身操、腰鼓
星期六	“时尚七太”	“时尚七太”
星期日	太极拳、交谊舞	“时尚七太”

从课程表中我们可以看到，中央花园社区以社区活动为载体不断丰富社区文化。一个社区的居民通常来自各个不同的地方，个体差异性明显，因而社区的和谐问题是社区需要解决的民生问题之一。中央花园社区居民有“三高”（高龄、高学历、高薪）的特征。社区结合居民的特征，积极打造邻里文化活动中心，在丰富居民的日常生活、培养居民的文化素养的同时，还能促进居民间的交流，维护社区和谐，激发整个社区的活力。

案例：

2010 年 8 月 15 日，《中国达人秀》第四场比赛中，七位戴着面纱的女子婀娜入场，音响响起，她们“刷”地甩开披风，露出纤细的腰肢，跳起了热情洋溢的肚皮舞，浓郁的印度风情让现场气氛沸腾。当表演完毕，她们揭下面纱，评委和观众才得以一睹庐山真面目：原来她们不是青春少女，而是一群妈妈级乃至奶奶级的中老年女性——这个来自武汉的“时尚七太”组合，让周立波、伊能静、高晓松三位评委惊呆了，连在点评中负责挑刺的高晓松，都惊喜地夸道：“你们见证了社会的进步啊！”而这“时尚七太”就来自中央花园社区，年龄最大的 68 岁，最小的 41 岁，她们中有家庭妇女，有纺织工人、铁路工人、钟点工等，尽管年龄见长，家务烦琐，压力重重，但她们从未放弃对生活的激情，平日里就在小区里一起跳舞，当时去参加海选，还以为只是社区的一个活动，在参赛前几天编排了这个节目，却没想到意外走红。成了全国明星后，七位阿姨回到武汉，掀起了一股“青春潮”。队长林友苏说，现在共同体已经吸引了200多位市民参加，基本都是退休的老人，其中年龄最大的70多岁，每天大家都要组织活动，唱歌跳舞等非常热闹，为了吸引更多人加入进来，她们把共同体名称命名为“时尚靓太”，参与的男士则为“时尚帅哥”。

案例中的“时尚七太”就是来自上文提到的中央花园社区，她们由最初的爱好走到了一起，从参与社区的文化活动到走上达人秀的舞台，让全国人民看到了她们对生活的激情。一个小小的社区活动却意外走红是她们没想到的，但是在她们身上我们看到了社区活动的魅力和意义。

通过不断地转变治理理念和治理方式，激活现有的各类资源，武昌区以一种积极有效的治理方式来努力实现社区重整和有效治理，推动社会的发展和进步，为社会的长期可持续发展提供稳定的基础。武昌区从2013年到2015年，针对社区治理和服务创新项目建立了分年度项目库，项目共涉及专题调研、基础设施建设、和谐（幸福）社区建设、惠民项目、改革公共服务供给方式、社会工作人才培养、社会组织培养、信息平台建设等9个类别，共计200多项。可以看到，武昌区自成为创新实验区以来，全方位地创新社会治理，研究社会发展新思路，探索社会发展新路径。不论是基础设施建设、社会组织的孵化和培育，还是公共服务供给方式、政府购买服务方式，都在不断地健全完善。

二 街道部门整合

街道是我国法定的城市初级社区。由街道党（工）委、街道办事处和社区党组织、社区居民委员会承担的街道、社区工作，是城市管理和社区建设的基础，是城市党的基层组织建设和基层政权建设的重要内容，在落实党和政府的各项任务、推进城市社区建设和治理创新中，具有不可替代的作用。为贯彻落实市委、市政府决策部署，推进社会治理体系和治理能力现代化，2016 年武昌区通过并实施《关于深化街道行政管理体制改革的实施方案》，制定了《关于深化街道行政管理体制改革工作的责任分工方案》，将 31 项改革重点任务分解到 14 个街道、16 个职能部门，做到每项工作有部门牵头、有单位参与、有目标要求、有完成时限，确保责任落实到位，确保全区基层街道社会工作基础进一步夯实。

（一）街道实行大部门制

武昌区全面深化街道行政体制改革，推行“大部制”，坚持系统治理。改革开放以来，武汉市与全国许多城市一样，各级政府和基层组织坚持以经济建设为中心，很多街道、乡镇兴办了大量工厂，“马路经济”一时繁荣。随着我国经济进入新常态，大量街办工厂陷入低效运转；而经济发展内在规律发生变化，加快产业中高端升级的任务应由市、区两级政府承担。基层政权组织要做的则是尽快从招商引资活动中得到解脱，将工作重心转向优化公共服务，为企业提供良好的发展环境，为居民提供优质的生活环境。

目前，武汉市经济总量已经超过万亿元。随着经济和人口规模快速增长，新社会阶层和群体不断涌现，利益诉求多样化、个性化，管理问题层出不穷。近年来，武汉市民每年票选十大突出问题，由相关责任部门承诺整改。连续两年，有关业主与物业管理的矛盾冲突都位列前十。居民投诉物业公司拿了钱不干活，物业企业则叫屈说，“物业费收缴率太低，能做成这样已经很好了”。类似与居民紧密相关的“疑难杂症”如果越积越多，势必会制约城市持续健康发展，降低武汉市吸引各层次人才的魅力，严重影响经济和城市建设“升级版”的进程。

基于这些社会现象和问题，武昌区全面深化街道体制改革，所有街道内设机构按照“4+2+2”模式设置，即全区统一设置党建办公室、公共管理办公室、公共服务办公室和公共安全办公室，街道层面再内设区域发展办公室、党政办公室两大机构，另设置街道网格化管理指挥中心和街道行政事务服务中心两大街道服务平台，以应对辖区内城市管理、市场监督、社会治安和公共服务等方面的问题，承担与居民密切相关的行政管理和公共服务事项办理工作。

街道实行大部门制，明确了街道的定位，突出了3方面的职责调整：取消街道招商引资职能及经济考核指标；强化街道区域化党建责任和公共服务、公共管理、公共安全等社会治理工作；转化经济工作的重点为优化投资环境、为企业提供服务、促进项目发展等工作。同时，健全7项保障制度。进一步加强和完善7项政策保障制度，即建立权责统一工作制度、实行街道“三个清单”和职责准入制度、建立与街道职能相适应的财政保障制度、建立街道综合行政执法机制、完善基层考核评价制度、健全信息整合共享制度、加强基层队伍组织保障。

通过实行“大部制”改革，使武昌区街道职能更明晰。“大部制”凸显街道在加强基层党建、统筹区域发展、组织公共服务、实施综合管理、监督专业管理等方面的作用，实现区、街道、社区各项权责条块协同，重点保障公共安全、城市管理、民生事务等领域的资源配置，剥离经济管理、招商引资等职能。机构编制、资源配备以职能划分为依据，综合设置大部门，行政、执法、事业机构错位设置，功能互补。

通过实行“大部制”改革，使武昌区资源配置更科学。“大部制”创新破解体制僵化的固有矛盾，实现了机构编制从“管具体、管数量”到“管规模、管总量”的思路转变，使得街道对自身政府资源配置更灵活、更高效。此次街道“大部制”改革，不是简单的“改名称”“撤机构”“减编制”，而是根据工作需要设置部门，实现了“街道重点难点工作在哪里，编制资源配备就到哪里；街道改革发展目标在哪里，人力资源配备就倾斜到哪里”的全新管理模式。

通过实行“大部制”改革，使街道内部运作更顺畅。改革前，街道机构人员设置方案已沿用了20多年，各科室疲于应对各类考核以及上级下达的工作任务，且相互之间业务流转时间长、成本高，往往各自为政，单打独斗。改革后，机构、人员进行整合，职责明晰，避免各部门条块分割、忙闲不均，也有利于扩展工作格局，促进信息对称和共享，统揽形成工作合力，变“巴掌”为“拳头”。

（二）街道成立行政事务服务中心

图 3-1 水果湖街行政事务服务中心大厅

为整合行政事务服务资源，优化审批和办事流程，方便群众办事，减少社区行政负担，武昌区将原来部分在区级层面办理的行政审批服务事项向街道下沉，将街道行政服务事务进行优化整合，在全区各街道设立行政事务服务中心。中心的建立将政务服务资源从区、街道、居民委员会多层分散向街道中心一站聚集，真正推进了社区减负增效。

行政事务服务中心统一机构设置和场地设置。每个服务中心设主任 1 名，由街道办事处副主任或街道中层正职兼任；副主任 1—2 名，按照社区主职规格配备。各街道根据各自辖区的实有人口数、业务受理量等指标情况，选聘服务中心工作人员，工作人员的待遇不低于社区“两委”委员待遇。服务中心建在交通方便、街道辖区的相对中心位置。有条件的街道可考虑设置分中心，方便居民群众办事。服务中心的场地建设、标志标示、大厅设置、功能分区等，按照《武昌区街道行政事务服务中心建设导引参考标准》执行。运行机制推行“5+2”工作制度。提倡采用错时、预约、分类集中等多种形式，实行午间值班、一周七天工作制（国家法定节假日除外）等制度，并逐步过渡到全年无休，为居民群众提供便捷、规范的咨询与受理服务。表3-12为武昌区水果湖街道行政事务服务中心的具体82项工作清单。

表3-12　　武昌区水果湖街道行政事务服务中心工作清单

序号	所属部门	序号	事项名称
1	区委组织部（4项）	1	中国共产党党员组织关系转出
2		2	中国共产党党员组织关系转入
3		3	中国共产党党员组织关系临时转入
4		4	中国共产党党员组织关系临时转出
5	区民政委（17项）	1	城市居民申请最低生活保障
6		2	申请低保边缘户身份认证
7		3	居民家庭经济状况核对
8		4	困难居民临时救助申请
9		5	申请因病支出型贫困救助
10		6	困难居民家庭学费救助申请
11		7	灾害过渡性救助
12		8	灾害房屋维修救助
13		9	办理困难重点优抚对象临时救助
14		10	优抚对象年审
15		11	在职在岗参战参试人员补齐社平工资
16		12	80周岁以上老年人高龄津贴发放
17		13	70周岁以上失独困难老人生活津贴发放
18		14	市级居家养老护理服务办理
19		15	《武汉老年人优待证》办理
20		16	办理《武汉老年人优待证》充次
21		17	《武汉老年人优待证》遗失补办

（续表）

序号	所属部门	序号	事项名称
22	武昌社保处（20项）	1	灵活就业人员基本养老保险和职工基本医疗保险新参保或续保
23		2	灵活就业人员基本养老保险和职工基本医疗保险停保
24		3	灵活就业人员基本养老保险中断期补缴
25		4	灵活就业人员基本养老保险和职工基本医疗保险欠费补缴
26		5	灵活就业人员基本养老保险和职工基本医疗保险欠费注销
27		6	灵活就业人员基本养老保险缴费档次调整
28		7	灵活就业人员一般信息变更
29		8	灵活就业人员打印个人查询密码条
30		9	城镇居民基本医疗保险新参保、续保及补缴
31		10	城镇居民基本医疗保险停保
32		11	城镇居民基本医疗保险信息变更
33		12	城镇居民基本医疗保险低保对象年审
34		13	城镇居民基本医疗保险费退款
35		14	城镇居民基本医疗保险费缴费重核
36		15	城镇居民基本医疗保险医疗费用现金报销
37		16	城镇居民基本医疗保险生育就医登记
38		17	城镇居民基本医疗保险生育现金报销
39		18	城乡居民社会养老保险办理
40		19	离退人员社会保险待遇资格年审
41		20	失业人员领取失业金资格登记
42	区人力资源局（8项）	1	《就业失业登记证》办理
43		2	办理灵活就业人员社会保险补贴
44		3	大学生一次性创业补贴
45		4	就业困难人员一次性创业补贴
46		5	个人申请小额担保贷款
47		6	合伙经营小额担保贷款
48		7	申请职业技能培训及创业培训
49		8	申请职业技能培训补贴

（续表）

序号	所属部门	序号	事项名称
50	区卫计委（17项）	1	一孩、二孩《生育服务登记》办理
51		2	再婚再生育子女审批
52		3	办理《独生子女父母光荣证》
53		4	办理《流动人口婚育证明》
54		5	申请独生子女保健费
55		6	申请企业退休职工计生奖励
56		7	申请计划生育独生子女死亡伤残家庭特别扶助金
57		8	申请农村部分计划生育家庭扶助金
58		9	出具政策外中期人工终止妊娠手术证明
59		10	农村独户女、双女结扎户中考优录申报
60		11	湖北省农村独生子女高考优录申报
61		12	申办农村计生纯女户绝育措施奖
62		13	婚育情况证明
63		14	病残儿医学鉴定申报
64		15	免费孕前优生健康检查
65		16	领取已婚育龄妇女生殖健康检查通知单
66		17	领取节育手术证明信
67	区房屋管理局（2项）	1	城市住房困难家庭申请公共租赁住房
68		2	新就业职工申请公共租赁住房
69	区残联（14项）	1	办理《残疾人证》
70		2	《残疾人证》升级和残疾类别变更办理
71		3	《残疾人证》内容变更、遗失补办
72		4	《残疾人乘车卡》办理
73		5	《残疾人乘车卡》补办及更换
74		6	办理聋哑人手机信息补助
75		7	申报0—14岁残疾儿童康复项目补贴
76		8	中专以上就读的残疾学生和特困残疾人家庭子女学费补助
77		9	低保家庭精神残疾人服药补贴
78		10	低保重度精神残疾、智力残疾人居家护理补贴申报
79		11	“阳光助残创业行动”资金扶持
80		12	政府为盲人和一级肢体及一级智力残疾人购买家政服务
81		13	残疾人机动车燃油补贴
82		14	残疾人驾照补贴

（续表）

序号	所属部门	序号	事项名称
83	便民服务（9项）	1	家政
84		2	旅游
85		3	保险
86		4	邮政
87		5	水费、电费、手机费、ETC
88		6	电子警察罚单处理
89		7	手机加油站
90		8	快递包裹驿站
91		9	自助书吧

行政事务服务中心建立服务通用目录和项目清单，明晰各类服务的办理条件、工作程序、办结时限和服务责任。从以下四点着手推行“全科政务服务”制，实现“一窗多能、全科服务、全区通办”。

一是规范“一门办理”，凡与社区居民群众密切相关的基本社会保障、公共服务等受理、办理、出证事项，统一纳入服务中心集中受理，街道和区直部门不再另外单设办事窗口。

二是完善“一口受理”，服务中心统一使用“武昌区公共服务综合信息平台系统”，按照接待—告知—受理—回复（办结）的服务流程实施服务。

三是推进“全区通办”，按照“能通办则通办、能就近则就近”的思路，扩大全区通办试点，增加全区通办服务项目。从数据后台、办事流程层面入手，着力推进服务中心基础功能的全面优化，逐步实现行政服务全区通办。

四是深化信息化建设，通过“互联网+”建立健全社区信息化平台。街道行政事务服务中心的建立减少了社区行政工作，使社区主要精力都集中到了为居民服务上来。①

① 张琼、齐源：《互联网+社区治理：资源视角下虚拟社会管理能力研究》，《社科纵横》2016年第7期。

案例：

积玉桥街行政事务服务中心，以微信公众号“智慧积玉”作为政务服务大厅的网上延伸。居民通过关注微信公众号，并注册个人信息后，即可实现网上办事。为方便群众，该中心按照政务服务事项的性质分为线上办理和线下办理两种，设立七大类政务业务的预约服务，并按照预约信息类别，安排好预约窗口。居民可根据自己的时间安排，通过手机等移动终端预约办理各类事务，节约办事时间。其中，即办件可实现在线预约，网上办理。居民仅需在网上提出办理申请信息，该中心通过比对核实信息平台数据后，可直接办结。流转件则实现网上预审，线下办理，居民在网上提出申请，并上传相关证件、照片等资料，该中心通过网上预审，符合条件的居民到中心大厅直接办结。不符合条件的一次性告知。

设立行政事务服务中心的目的就是服务群众，权力下放，简化流程也都是以方便居民为标准。积玉桥街通过“互联网+”建立健全了行政事务服务中心线上线下双平台，既方便了居民，也减少了行政成本。从以上职责清单我们可以看到，武昌区各街道行政服务中心的建立并不是简单的审批地点的改变，而是更好更方便地为居民办实事。行政服务中心不仅是全面推进服务型政府建设的一项重要举措，更是建设服务型政府的突破口。行政服务中心的建立和运作，促使政府加强自身建设，树立良好政风，为完善市场经济体制，深化行政管理体制改革打开了新局面。

第四节　基层政府整合的成效

自被确认为“全国社区治理和服务创新实验区”以来，武昌区民政委在省、市民政部门的精心指导下，紧紧围绕凝聚群众、巩固基础的总体目标，抓住创建全国社区治理和服务创新实验区这条主线，大力推进社区治理创新，充分发挥了民政部门在深化民生领域改革和加强社区治理创新中的骨干作用，积极探索具有武昌特色的社区治理新思路，促进了社区减负增效，激发了居民自治活力。武昌区社区治理创新经验先后被评为“首批全国社会工作示范地区”“全国和谐社区建设示范城区”“中国社区治理十大创新成果”“中国政府创新最佳实践奖”，先后在全国社区治理和服务创新实验区工作推进会、首届全国社区治理论坛、全国社区社会工作暨“三社联动”推进会上进行了经验交流。《人民日报》《中国社会报》《湖北日报》等主流媒体大篇幅报道了武昌区的社区治理举措，引发社会广泛反响。

一　区级政府整合的成效

（一）理顺了部门之间的权责关系

武昌区通过区级政府整合，加大部门职责整合力度。全面清理部门间职责交叉和分散事项，整合部门间相同相近职责，坚持同一件事情由一个部门负责，初步解决了部门之间权责关系不顺、遇到问题相互推诿、无人负责、无人管理的问题。如整合政府机构和职能形成的民政委员会、综合执法大队、工商行政管理和技术监督局有效地统筹了民生、执法、工商管理的相关事项和职能，避免了原有相关部门推诿扯皮的现象，提升了政府的整体运作效率。

（二）提高了公共资源的使用效率

武昌区不但整合了基层政府的机构和职能，还整合了部门的各类资源，提高了公共资源的使用效率。通过整合组织、综治、民政、人社、城管、房管等部门对社区投入的专项资金，由财政部门负责归口，提高了社区建设资金的使用效能；通过统筹协调区建设、城管、综治、水务、园林、房管等部门，统一调配社区基础设施各类资源，提高了社区基础建设的效率；通过把居民养老、卫生服务、精神文明建设、社区环境建设等统筹起来，提高了社区民生服务效率，满足了居民多元化、多层次的需求，有效地解决了资源分散、效率过低的问题。

案例：城管聚合力管“小”事（《长江日报》2015 年 2 月 3 日）

近年来，武汉市处于基础设施建设补课阶段，交通运输需求高，大型超限超载货物运输车辆往来频繁，道路和桥梁破损严重。作为一个长期存在的问题，治超工作往往收不到预期的效果。高压之下，仍有违规运输车辆在四处打游击。在市民眼中，这些铁皮子的大个头没人管。

去年8月，武汉市启动道路、桥梁治超专项整治，明确由城管部门牵头管理治超。武昌区迅速落实，分管副区长王继德调度落实，于第一时间组建了全市首支道路桥梁治超执法队。这支治超队，集中了城管、建管、交通、水务、交管等职能部门的精兵强将。他们在武昌区城管委合署集中办公、联合执法。明确了“谁许可、谁监管，谁管理、谁负责”的治超责任。

成立后的第一件事，就是对全区“小煤场、小炭场、小石料场”等货运企业进行摸排。同时为全区16家渣土运输企业各安排1名执法队员担任“渣土运输指导员”，会同管段交警，定期为渣土车司机进行安全文明运输讲座。对于出土工地，治超队实施驻场管理，严格落实24小时值守、渣土车“平盒子”装、工地门禁系统等制度，切实加强渣土运输规范管理，实现了“要我治超”到“我要治超”质的飞跃，达到了“标本兼治”的目的。

截至目前，全区车辆超限超载率由治超前的80%下降到现在的8%，职能部门相对集中的治超模式，执法更高效，管理效果事半功倍。

从案例中我们可以看到武昌区“大城管”时代的来临，让许多管理空白得到弥补，一些模糊地带有了“领主”。从“有人管了”到执法效率的提高再到执法形象的重塑，武昌城管在探索“大城管”模式的道路上始终先行。除了“大城管”，武昌区还对社区环境卫生、社区文化建设等多项涉及民生的事项进行统筹协调解决，既避免了资源浪费又提高了行政效率。

二 街道整合的成效

（一）强化了街道的公共服务功能

武昌区通过街道部门整合，强化了街道的公共服务功能。一方面，深化街道大科室改革，街道按照“4+2”模式内设六大机构，整合和优化机构职能，取消招商引资考核指标，主要职能转变为营造环境、促进项目发展、服务驻区企业、优化投资环境等方面，突出了街道在基层社会治理中的主体责任，强化了街道的整体性服务功能。另一方面，街道统筹社区资金使用、基础设施建设等，形成了“政府总引领、职能部门监督、街道社区主导、专业团队运作、社工指导、居民参与”的项目化运作工作新模式，街道的责任更加清晰，行动能力更强，公共服务的效率更高。

案例：武汉市创新社会治理成效显现 街道社区沉下心来优化服务（《长江日报》2016 年 10 月 20 日）

上周五，武昌区首义路街机关干部陈光明来到千家街社区第七、八、九网格，与网格员一起巡查。

陈光明是街道区域发展办公室副主任，这三个网格是他的“责任田”。去年年初，街道要求所有机关干部都必须到网格任职，担任“街道驻网格干部”，每周抽两天时间到社区上班，或巡查或协调解决问题。

“以前，我们根本没时间与社区打交道。成天都在搞招商，完成经济指标。街道领导很多时候也围绕招商在转。”陈光明介绍，以前自己所负责的部门叫“经济发展部”，工作重心自然在经济上。去年，武昌区开展社会治理创新，取消了街道招商引资考核指标，街道干部从烦琐的招商工作中解放出来，腾出时间和精力真正沉下心来，投入到公共管理和服务中。

不招商了，干什么？首义路街党工委书记张金秀说，街道干部的工作重心转向优化公共服务。一是服务企业，为企业提供良好的发展环境，二是服务居民，为居民提供优质的生活环境。

招商指标取消了，增加了服务企业考评。街道定期对企业上门服务，了解企业经营状况和存在的困难、诉求，及时帮助解决。辖区企业爱尔眼科因为卫生垃圾问题，与周边居民发生矛盾。街道协调区城管委清洁队及时清运，加强清扫保洁和消毒。

服务居民则成了街道干部的一道“必修课”。除了到网格任职，干部们还要到社区报到，进社区兼职党组织委员、党小组长或中心户长，认领群众的微心愿，结对帮扶困难群众。街道为此建立了管理办法，设置了“赴社区报到卡”“联系服务责任卡”“领岗任职服务活动情况反馈卡”。

为了改善居民生活环境，市、区每年给每个社区安排20万惠民资金，增设健身器材、休闲桌椅、楼道椅等。社区还引导居民开展多元共治，加强小区物业管理，引入专业社会组织，为居民提供贴身服务。

取消招商引资和经济考核指标，并不意味着不抓发展。只是定位和角色发生了变化，更侧重服务。服务重点企业、重点项目，还要拓展发展空间，支持创新创业。街道正在积极运作大学生创业空间和微创空间，扶持一批创新创业服务项目和团队。

首义路街这一实际案例，充分地体现了街道深化行政体制改革的成效明显。街道干部从烦琐的招商工作中解脱出来，工作重心转向公共服务，能够投入更多的精力用于孵化培育社会组织，用于服务居民，提升居民居住质量，更加强化了街道的主体责任意识，发挥了其服务功能。

（二）强化了街道各部门协同能力

武昌区通过建立部门协作联动机制，加大部门协作沟通力度。需要多个部门联合才能解决的事项，明确牵头部门，分清主办和协办关系，建立健全政府部门间的协调配合和磋商机制，包括明确协调时效、协调的依据与标准、协调参与方的权利与义务以及协调决议方案的法律效力及其执行主体等，有效地解决了部门沟通协作难的问题，增强了政府的行动能力。同时，建立了“一站式”行政事务服务中心，把各行政服务部门统一到一个服务大厅（如图3-2），在整体平台上建立起有效的跨部门政务协同机制，初步实现了从职能分工到项目合作的转变。

三　区、街、社区之间的关系逐步理顺

武昌区通过区直部门、街道部门机构的整合，初步理顺了区、

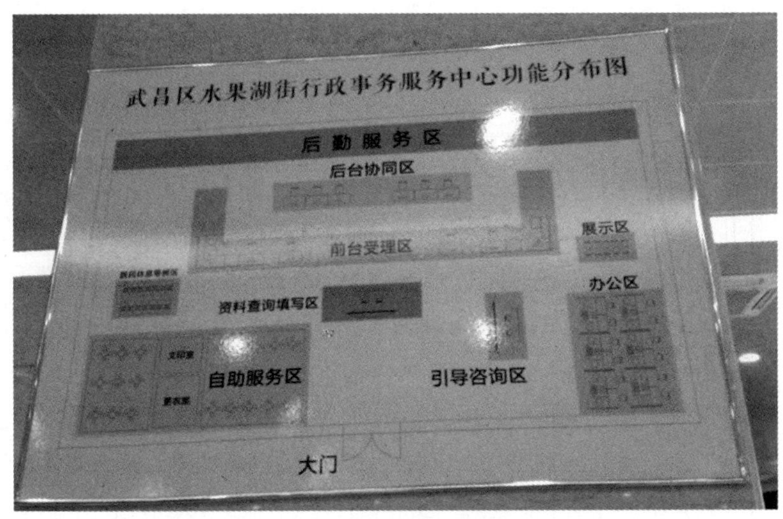

图 3-2 水果湖行政事务服务中心功能分布

街、社区之间的关系。一方面，建立了事务清单制度。区民生工作委制定独立承担和需要街道协办的行政事务清单，街道制定独立承担的行政事务清单和需要社区协助的公共服务清单、社区居民委员会依法履行职责事项清单；同时，区、街、社区实行行政委托制和购买服务制度，按照“权随责走、费随事转”的原则，明确了区、街、社区的权力和职责，初步理顺了三者之间的关系，解决了三者之间责任不清、遇事推诿的问题。以下分别为武昌区街道办事处依法履行职责清单，武昌区社区党组织工作事项清单，武昌区社区居民委员会依法履行职责事项清单。

表 3-13 武昌区街道办事处依法履行职责清单

序号	工作类别	工作项目
1	党建工作	（1）宣传贯彻党的路线方针政策和国家的法律法规，执行上级党委的决议决定，团结、组织党员和群众，保证党和政府各项任务在辖区内的顺利完成；负责社工党建工作。（2）加强党组织自身建设，充分发挥党工委的领导核心作用、党支部的战斗堡垒作用和党员的先锋模范作用。（3）领导街道工会、共青团、妇联、民兵等群众组织，支持和保证行政组织、经济组织和群众组织依照法律法规和各自的章程行使职权。（4）组织辖区内单位和居民开展社会主义精神文明建设活动。（5）积极开展社区文化、卫生、教育、体育、娱乐等有益于身心健康的群众性活动

续表

序号	工作类别	工作项目
2	社区建设工作	(1) 指导、帮助社区居民委员会加强组织建设、制度建设，发挥好社区居民委员会群众自治组织的作用，提高社区居民委员会自治能力。(2) 制定社区建设发展规划，合理配置服务资源，开展便民、利民的社区服务，加强基层社区治理工作。(3) 组织社区志愿者工作队伍，组织动员辖区内单位和居民参与社区建设。(4) 负责便民服务中心的运行和管理，做好社区救助、社会保险、养老服务、扶贫帮困等工作。(5) 培育、发展社会组织和群众组织，对辖区社会组织进行枢纽式服务管理，引导社会组织拓宽服务领域，创新服务产品，为居民提供多元化的服务产品
3	社会管理工作	(1) 协助有关部门做好劳动就业、退休人员社会化服务管理等工作，做好失业人员的登记、管理、培训、就业指导等工作。(2) 做好计划生育、精神病人监护、红十字会等工作。(3) 做好民兵预备役、征兵、人民防空、国防动员等工作。(4) 维护老年人、妇女、未成年人和残疾人的合法权益。(5) 协助有关部门做好拥军优属、人口普查、劳动用工监察、侨台事务、民族宗教事务
4	城市管理工作	(1) 负责辖区内街巷、住宅区的市容秩序工作，并配合绿化主管部门搞好绿化管理工作。(2) 负责辖区内居民区、街巷的环境卫生和环境整治工作，组织督促辖区内的单位和居民开展爱国卫生运动，落实门前“三包”责任制和长效管理措施。(3) 组织和监督对违法建筑、违法占用道路、无照经营以及违反市容环境卫生、绿化管理规定行为的查处工作。(4) 协助建设主管部门监督施工单位依法施工，防治施工扬尘、扰民；配合建设、施工单位做好居民工作，维护施工秩序。(5) 配合市环境保护主管部门对破坏生态环境的行为进行监督，积极做好环保综合防治工作。(6) 参与城市建设、危房改造及住宅小区的管理工作，配合有关部门做好征地和房屋拆迁等工作。(7) 协助房管部门依法监督辖区内物业服务企业开展物业管理工作
5	综治维稳工作	(1) 开展社会治安综合治理、人民调解、维护社会稳定工作。(2) 建立健全矛盾纠纷排查调处工作机制和制度，协助做好刑满释放，解除戒毒人员的安置、帮教工作、社区矫正工作。(3) 会同有关部门做好辖区外来人员和出租房屋的综合管理工作。(4) 及时向区人民政府反映社区居民的意见和要求，处理群众来信、来访等事项。(5) 依法制定和实施辖区突发性公共事件的应急处置方案。负责统筹、协调、监督本辖区安全工作，协调组织有关部门对本地区容易发生事故的单位、场所以及设备、设施进行严格管理和重点检查，及时发现报告

表 3-14　武昌区社区党组织工作事项清单

序号	工作项目	工作事项
1	自身建设	(1) 落实“三会一课”、民主评议党员等组织生活制度；(2) 党员教育和管理：办理党员组织关系接转、发展党员、收缴党费、党员信息管理等，完善党内统计和档案管理制度；(3) 开展党内关怀工作：定期走访慰问困难党员和老党员；(4) 定期组织开展社区党组织、社区居民委员会换届；(5) 做好党务公开、党风廉政工作；(6) 宣传和执行党中央、上级党组织和本组织的决议，团结、组织干部和群众，努力完成社区各项任务
2	议事决策	(1) 传达贯彻上级党组织的决定，结合社区实际研究制定落实方案；(2) 研究决定涉及居民群众利益的重大问题和居民群众反映的热点、难点问题；(3) 研究制定社区大型活动计划；(4) 研究社区综合党组织、社区居民委员会惠民资金等重大财务事项和年度收支情况
3	价值引领	(1) 牵头推进党政社校、社区共治活动，以多种形式动员和引导各类党组织和广大居民参与社区治理；协助街道青妇干事推进社区青、妇组织有关工作；(2) 牵头推进全国文明城市创建工作，促进社区公共文明水平提升；(3) 领导三方联动，支持社区居民委员会、业主委员会、物业公司依法充分行使职权；(4) 领导、孵化社区社会组织，支持和保证其依照各自的章程开展工作
4	服务群众	(1) 反映群众的意见和要求，化解社会矛盾，维护社会稳定；(2) 领导社区居民委员会网格化服务群众；(3) 充分发挥社区党群服务中心服务功能的作用；(4) 领导社区居民委员会开展十五分钟便民圈，服务居民；(5) 领导社区居民委员会开展社区民主监督
5	区域化党建	(1) 加强兼职委员管理，策划、组织社区共驻共建活动，协调辖区单位党建资源、阵地共享；(2) 加强“党代表、人大代表、政协委员”工作室建设，做好相关联络服务工作，协助受理、登记群众反映的问题；负责相关台账录入、协助跟踪、反馈办理情况，公示办理结果；(3) 协调安排区委委员及各类党员志愿者在社区开展活动；(4) 对居住在本社区的机关在职党员进行备案登记管理；推行社区服务项目认领制度

表 3-15　　武昌区社区居委会依法履行职责事项清单

序号	工作内容	具体项目	备注
1	组织开展社区居民自治、共治活动	(1) 向社区居民宣传有关政策、法规；(2) 落实居务公开制度，建立居务公开栏；(3) 定期组织召开社区居民(代表)会议、社区居民议事会议、社区联席会议、社区共治会议；(4) 协助社区综合党组织推进党政社群社区共治试点工作；(5) 指导、培训居民小组长、居民代表开展楼栋居民自治，促进家庭和睦、邻里和谐；(6) 制定居民公约，对文明养犬、广场舞等社区行为开展自律；(7) 管理本居民委员会的财产，做好居委会财务工作	(1) 一般居务每季度公开，重大事项及时公开，财务收支每月公开；(2) 社区居民（代表）大会每年至少召开一次；社区居民议事会议必要时召开，社区联席会议每年不少于 10 次；(3) 各类自治会议制度由区民政委发布指引；(4) 每个社区居民委员会必须制定居民公约
2	社区公共服务设施管理	(1) 社区党员群众服务中心、妇女儿童之家、社区四点半学校、社区图书室、居家养老服务中心、阳光家园等社区公共服务设施统筹使用管理，为发展社区服务提供便利条件；(2) 社区文体设施维护管理；(3) 接收社会力量进入社区开展活动申请，负责活动项目把关、活动场地提供	
3	反映居民群众诉求	(1) 建立健全值班制度，处理来电来访；(2) 网格员收集整理依职责由街道、区直部门处理事项，及时向街道办事处和各职能部门驻社区联络员反映居民意见和建议；(3) 整理各类自治会议收集到的群众意见建议，及时反映居民意见和建议	各街道办事处、各职能部门指定专人为社区联络员，负责与社区居委会沟通
4	社区民主监督	(1) 探索社区听证会议、社区评议会议的有效形式，组织居民参与社区听证、评议会议；(2) 组织居民对街道办事处、便民服务中心、驻社区单位、各类公共服务单位在社区的服务情况进行监督、评估	
5	社区特定人群服务	(1) 定期上门探望辖区困难群体、老弱病残及鳏寡孤独特殊群体，受理社会管理事项全程代办；(2) 关爱妇女、儿童、青少年、外来流动人口，协助其维权活动	按网格化工作要求
6	组织居民参与社区服务	(1) 组织召开社区居民（代表）会议，决定社区惠民资金项目；(2) 发动、组织居民、社区社会组织、驻社区单位居民参与文化、教育、科普、体育、卫生、法律、安全进社区活动；(3) 开展“读书月”、全国“科普日”等教育宣传活动，不断满足居民的学习需求；(4) 开展便民利民的社区服务活动	

续表

序号	工作内容	具体项目	备注
7	培育发展社区社会组织、推进志愿者队伍建设	（1）培育社区服务性、公益性、互助性社区社会组织，指导其申请备案或注册；（2）指导、监督社区社会组织开展社区服务；（3）了解社区各类群体需求，整合社会各方参与社区建设的资源，搭建互助网络，实现社会资源与社区需求合理连接，构建15分钟便民生活圈；（4）发动社区志愿者，组建社区志愿者队伍；（5）指导社区社会组织与社区志愿者队伍开展"社工+志愿者"联动服务	每个社区至少培育2个以上成效明显、居民认可的公益性服务类社会组织
8	社区环境卫生管理	（1）组织做好社区自管道路的环境保洁工作；（2）组织对社区环境卫生工作进行日巡查，及时制止乱扔吐、乱堆放、乱拉挂、乱张贴等行为；（3）组织对社区违法搭建情况进行监督，及时向区、街道主管部门反映问题，并参与问题的解决处理；（4）开展辖区内垃圾分类投放指导和服务	

说明：本清单法律依据《中华人民共和国居民委员会组织法》《湖北省实施〈中华人民共和国城市居民委员会组织法〉办法》和《武汉市社区工作规则（试行）》制定。

通过制定相关的职责清单，理顺了街道、社区党组织、社区居民委员会的相关职责，形成了良好的工作机制，更好地发挥了各部门的积极性，从而形成合力助推武昌区社会工作的完善和发展。各街道社区在此清单的基础上，再根据自身的实际情况，在不违背原则上做出相应的调整，使三者关系更加明晰，职责更加明确。

另外，在区街层面，积极推动综合执法队伍力量下沉，赋予街道更多的事权、财权和人事考核权，保障了街道权责对等、权能对等，实现区政府、街道办事处合理对接，理顺了区、街的上下层级关系，增强了街道统筹社区建设的能力；在街社层面，街道负责民生工作的部室优化整合，将由社区履行的行政服务职能上收，设立街道行政服务中心和网格化管理指挥中心，理顺了街道和社区之间的关系，减轻了社区行政负担，社区行动能力得到增强。

案例："水果湖街行政服务中心便民举措让居民办医保卡不再闹心"（《湖北日报》2015年6月4日）

"大热天，抱着孩子去照相馆拍照、去社区和街道提交材料，还要满大街找复印店，再去邮局交款，最后还要再等三个月，才能到街道领取孩子的医保卡"，这是2016年上半年武昌区居民黄女士向媒体反映的真实情况。她讲述道，在咨询时听说，仅需带孩子的一张电子版照片和户口本去社区办理即可。结果在办理过程中，工作人员告诉她现在宝宝照片有了新要求，必须到照相馆拍摄且经过专业处理。照完照片后工作人员又告诉她现在成立了水果湖行政服务中心，要去那统一办理。几番寻找后，新建的服务中心工作人员告知要把家长身份证和孩子户口本复印，由于中心新建，并不提供复印业务，她又满大街寻找复印店。几经波折才办完了烦琐手续，并且三个月后才能够过来取医保卡。就在黄女士反映之后，就引起了水果湖行政服务中心的高度重视。行政服务中心原本就是为了简政放权，推行一站式服务，为居民提供方便，既然如此，那就应该积极推出便民措施，切实方便居民。因此，针对居民反映的办证难题，水果湖街道行政服务中心专门购买了复印机，专门为居民免费提供办证复印业务；联系邮局让其在服务中心设立窗口，让居民缴费不用再四处奔波；在医保卡办好后，中心也积极主动通知居民前来领证，同时，居民也可以委托网格员代取医保卡等证件。

在基层社区的治理层面中，社会治理碎片化使得治理成效大打折扣。很大程度上是由于基层政府在社区治理过程中角色错位和失位，没有形成整体性政府意识。以社区党支部为核心的多元社区治理模式，难以克服由权力结构碎片化所带来的治理困境，最终大大削弱了社区治理的有效程度。在一些中上阶层聚居的社区，社区党组织和社区居民委员会甚至存在着被边缘化的危险。

在实验区建设的过程中，武昌区着眼于提升政府基层社会治理水平，从上至下不断推行机构整合和职能转变，统筹组织资源、市场资源和社会资源等，从而实现从社区的碎片化到社区的重新整合。在一定程度上通过基层政府在资金、人力、物力等方面的支持和投入，弥合和缓解了社区的高度分化与冲突，进而逐步地实现积极有效的社区治理，解决了基层社会治理的基础性、根本性和长远性问题，为其他地区推行社会治理创新提供了宝贵的经验。

第四章　整合社区组织，提升协商能力

社区组织作为社会治理主体之一，它包括社区物业服务机构、业主委员会、社区自治组织等。做好社区组织管理工作、管理好社区事务、服务好社区居民是社区治理的关键性工作。推动社区组织更加科学、统一、高效、规范地管理，让社区居民生活在和谐、舒心、安全、优美的大家庭中，对社会建设与发展及国家长治久安作用明显。社区组织是社区群众自下而上、自发自愿成立的自我服务、自我发展的基层非营利性民间组织，是社会组织体系的有机组成部分。[①] 随着我国社会管理体制改革的不断深入，原本由政府承担的部分社会职责逐步向社会转移，部分管理权限下放给社区，社区组织在社会管理中成为服务国家、服务社会、服务人民的重要一级，在社会生活中成为联系政府与基层民众的关键纽带。[②] 自党的十八大以来，武昌区政府不断整合社区组织，大力发展和培育社区社会组织，支持社区组织根据自身优势提供优质公共服务，深入推进了和谐社区建设，带动了社区居民的社区参与，最终实现了居民自治管理。

第一节　社区组织整合要解决的主要问题

社区组织是社区群众自下而上、自发自愿成立的自我服务、自我发展的基层非营利性民间组织，是社会组织体系的有机组成部分。它

---

① 夏建中、特里克拉克等：《社区社会组织发展模式研究》，中国社会出版社 2011 年版，第 30 页。

② 郑永年：《技术赋权：中国的互联网、国家与社会》，邱道隆译，东方出版社 2014 年版，第 8 页。

诞生于社区，在国外称为“非政府组织”。由于目前国内外对非政府组织或社会组织并没有一个统一的、普遍认可的定义，因此对社区组织也没有一致的界定。一般认为，社区组织，是指以社区地域为活动范围，以满足社区居民的不同需求为目的，由社区组织或个人单独或联合组建的群众团体或组织，其法定类型包括社会团体、民办非企业和基金会等。[①] 据统计，目前我国65%以上的社区都拥有社会组织，其总数量将近100万个，成为和谐社会建设的重要依靠力量。尽管近年来社区组织数量稳步增长，综合实力不断增强，但总体来说，我国社区组织的发展还处于起步阶段，资金不充足、资源不集中，社会组织间的关系不协调、结构不健全、种类不丰富，[②] 功能也没有发展完备，大部分社区组织体处于虚化的运行状态，作用远未充分发挥，同国外同类型社区所发挥的作用相比，还有较大差距，存在着诸多亟待解决的问题。

一　资金不充足，缺乏可支配领域

任何组织的生存与发展，都必须有足够的资金支撑。尤其在我国，资金问题已经成为制约非营利型社区组织快速发展的瓶颈问题。[③] 资金缺乏是目前我国发展社区组织的最大障碍。根据清华大学NGO研究所近年来对全国社团组织的抽样调查（有效样本1846个），“缺乏资金”被列在面临的诸多困难之首，其他调查也得出的是同样的结论。

目前，我国以志愿性、服务性、活动性为特点的社区组织的经费大部分通过社区成员自筹解决。[④] 湖北省民政厅对武汉市城市社区群

① 杨贵华：《对当前我国社区民间组织建设的思考》，《科学社会主义》2005年第2期。

② 金世斌、邱家林、吴江：《让社区回归自治本位——基于N市社区减负工作的调研与思考》，《南京社会科学》2017年第9期。

③ 王名：《清华发展研究报告2003：中国非政府公共部门》，清华大学出版社2004年版，第106页。

④ 王浦劬、莱斯特萨拉蒙：《政府向社会组织购买公共服务研究——中国与全球经验分析》，北京大学出版社2010年版，第9页。

众团体资金来源的实地调查显示：社区团体活动经费筹集方式为自筹的占80%左右，所占比例最高，由社会捐助的仅为1%不到，所占比例最低。建设高标准的社区组织，单靠社区组织自筹经费来求发展还远远不够，其有限的财力很难满足社区组织运作的巨大需求。社区组织建设资金来源单一，社区组织发展将受到很大程度的制约，抗风险能力相对脆弱。社区社会组织作为一个比较独特的筹资群体，从资金需求角度来看，一是社区组织一般都缺乏发展资金，虽然单个社区组织需求资金量不大，但由于它们数量众多、分布广泛、涉及居民日常生活的各方面，整体上而言它的资金规模较大。从资金供给方面来看，一是为社区组织提供有效资金的来源相对有限，资金供给往往不能满足社区组织发展的需求；二是社区组织通过市场手段获得资金的方式有限，面临着筹资的困境。社区组织资金需求与供给之间的矛盾日益突出，从而限制了社区组织快速健康发展。

二 资源不集中，缺乏整体调度

资源包括经济资源、场地资源、人力资源等，这些都是社会组织发展的必需要素。社区组织最为关注的事情是生存，没有任何组织能够完全自给自足，社区组织的生存发展需要获取环境中的资源来维持，必须与其所依赖的环境中的要素发生互动，也就是说，组织生存发展所需资源无法自给自足，必须从外部环境中获取，这就形成了对外的资源依赖。

一般而言，社区组织是为满足部分社区居民的要求而成立的，每个社区组织都有各自的特点和资源优势，本社团资源一般也只提供给本社团成员使用，不可能提供满足所有社区居民需求的服务。因此，在实际运行过程中出现了诸多问题：首先，社区社会组织主体地位不明确。由于制度和体制不规范或者不完善，社区组织与社区组织、街道与社区组织之间没有充分沟通融合，往往不能充分利用已有资源，这就出现了社团资源利用率低、资源浪费严重等问题。其次，社区社会组织结构不合理。数量少，基础条件薄弱，规范化不够，组织内部成员素质不高，自身能力建设亟待加强，参与和谐社区建设的能力弱，难以发挥作用。最后，替代资源的可得程度低。事实上，组织间的依赖关系通常不是单向性的，而是组织间相互依赖彼此资源以谋求更好的发展，这种依赖程度的高低主要取决于对方掌握的资源对自身发展的重要性和是否有其他资源可替代。目前，我国大部分的社区社会组织，政府投资占大多数，[①] 而相应的捐赠、减免税、财务等方面的政策也不完备，致使社区社会组织管理资产和理财能力不足，社区组织资源有效使用率低。[②] 亟须有一个部门或机构协调、调度这些资源来更好满足居民需求。

三 关系不协调，缺乏自我管控能力

社会组织作为一支现实的社会力量已经无可争议地存在着，但随着行政管理体制的不断改革，“小政府，大社会”的社会管理格局日趋明显。在社区管理体制、组织结构、运作机制正发生深刻变化的新形势下，如何按照“总揽全局、协调各方”的要求，深入探索发挥领导核心作用的途径和方式，进一步增强协调能力，是摆在社区组织面前的一个现实而紧迫的重要课题。

在现行管理体制下，中国政府与社会组织之间的关系仍处于探索发展阶段。[③] 在这一阶段，社会组织在推动整个社会事业发展过程中的影响力虽然在不断增强，但问题也是存在的：一是社区各组织之间缺乏有机联系，组织内部结构松散、组织与组织之间无法有效衔接。例如，党、居不分，具体表现在人员不分和职责不分，居民委员会和业主委员会之间的关系没有理顺，政府没有规范好自己与业主委员会之间的关系；另外，物业管理公司和居民委员会之间存在诸多矛盾冲突。二是社区组织自我管理能力不强，自我管理体制不健全。一些社

① 卢学晖：《中国城市社区自治：政府主导的基层社会整合模式——基于国家自主性理论的视角》，《社会主义研究》2015 年第 3 期。

② 胡祥：《城市社区治理的热点问题研究》，中国地质大学出版社 2009 年版，第 240 页。

③ 许义萍、李惠凤：《社区合作治理实证研究》，中国社会出版社 2009 年版，第 84 页。

区社会组织缺乏自身能力建设，内部管理混乱，有的甚至违背其服务宗旨，追求经济效益，降低服务质量，忽视社会信誉和社会责任，导致其社会影响力大大降低，难以吸引社区居民参与，不能有效发挥整合社会资源的功能。三是社会组织内部管理相关规定还处于缺位状态，社会组织内部管理混乱、自律机制缺乏的现象相当普遍，社会组织的整体公信力不高，这些问题严重破坏了社区组织的形象，阻碍了社区组织的发展完善，给社区组织筹集资源、吸引人才带来了不良影响。

四　结构不健全，缺乏实质性的话语权

我国城市社区中，和居民生活密切相关的各类社区组织在社区自治中起着非常重要的作用，应依照自治精神来构建社区组织结构。现今我国社区居民的就业形式、生存方式、利益要求日趋多元化，由此引发了一系列问题和矛盾，这需要由贴近群众生活、了解群众需求的基层组织及时向上反映，以避免问题和矛盾的激化。

社区组织具有与基层联系密切、了解基层实际情况的优势，同时具有创新性、灵活性的特点，在与政府沟通过程中可以直接反映群众的呼声，在参与社会管理、满足社会需求、解决一些社会问题等方面具有独特的优势。但是由于种种原因，我国社区组织在社会管理中还没全面走向前台，存在诸多不足：首先，行政决策能力不足。通常表现为“上面怎么说，下面怎么做”；社会组织替代行政，大量的社会组织由政府推动成立，负责人由行政单位领导兼任，承担很多行政职能，诸如“合二为一式”“上下级式”的政府与社会组织关系模式大量存在,① 社区社会组织与当地政府的关系没有理顺。其次，自治能力不足。例如，依据《居民委员会组织法》，社区居委会在性质上属于基层群众性自治组织，但现实是社区居委会是准行政组织，承担了大量行政事务，背离了自治的根本性质，丧失了独立自主性，社区居

① 汪锦军：《政社良性互动的生成机制：中央政府、地方政府与社会自治的互动演进逻辑》，《浙江大学学报》（人文社会科学版）2017 年第 5 期。

民委员会实际上承担着领导、指挥其他社区社会组织的职能，其自身也是被动地参与和谐社区建设。[①] 最后，政策制定能力不足。例如，在政策制定方面，社区组织几乎没有实质性的话语权；在参与社会管理过程中，社区组织的作用仅仅体现在拓展社区服务、活跃社区文化等方面，社区组织作为政府的参谋者，在公共决策方面的作用并没有完全表现出来。

五　种类不丰富，缺乏吸引力

当今社会需要种类丰富的社区组织参与社区福利、社区救助、社区教育、社区医疗保健、社区卫生体育、社区环境保护、社区家政服务、小区管理等诸多领域的组织和管理工作，这也是构建和谐社会的需要。但总体而言，我国社区组织种类不丰富、功能相对单一。大多数社区组织是以满足居民社会生活、精神文化需求为主要目的而成立的，其中相当一批是群众自娱自乐类型的腰鼓队、秧歌队、合唱团、健身中心等活动型社区组织。一是开展活动的形式单一。例如，社区社会组织的活动形式主要是从退休老年人的兴趣爱好发展而来的，开展得比较好的主要有戏剧戏曲爱好者协会、老年人广场舞协会、书法书画创作协会以及老年人城市太极等。类似活动形式，青年人不感兴趣，因此不愿参与到活动中去。二是社会组织活动类型乏味。目前社区所开展的活动都是偏志愿类、偏娱乐类的活动，活动内容简单安静，缺乏刺激性、创新性，无法迎合青年人喜欢冒险、挑战的精神，吸引不了年轻人的参与。

相对而言，经济发达地区社区组织发展水平高于欠发达地区，沿海地区高于内陆地区。在发达地区，社区组织种类相对比较丰富，开展的活动和提供的服务所涉及的领域也相对较为广泛，能做到自我生存、自我发展的已有一定的比例。而在经济欠发达地区，社区组织在

① 张静：《基层政权：乡村制度诸问题》，浙江人民出版社 2000 年版，第 77—82 页。

很大程度上要靠政府的扶持，提供的服务主要由政府主导，[①] 且工作主要集中在对困难群体的帮扶上，以丰富居民精神生活为目的的自主型社区组织相对较少。

综合上述几点分析，我们大致可以概括出目前社会组织在发展过程中普遍存在的问题，社会组织在数量上、规模上总体还很滞后，能真正为居民提供服务的组织太少；社会组织的专业素质不高，很多社会组织好像什么都做，但什么也做得不精；社会组织内部治理结构不健全，人员较少，有些社区组织只有“光杆司令”；社会组织整合社会资源的能力不强，有些社会组织只能靠政府的扶持资金和项目资金，如果哪一天政府不支持了，它就会因没有资源而活不下去；社会组织的公信力偏低，很多组织打着公益的旗号做公益，实际上是在把公益作为生意来做，财务管理和项目实施中都存在不少问题，没有真正发挥作用；社会治理创新的主体定位模糊，长期以来，社区充当了解决社会问题的主要角色，管理了许多不该管也管不好的事情，基层社区对社会职能部门事务“大包大揽”，不仅让社区工作者疲于奔命，而且削弱了社会自治能力，压抑了社会自身的创造活力；社会工作的手段方法落后，当前，在社会工作中仍然以行政手段为主，没有综合运用多种手段，基础信息采集不及时，信息利用率不高，管理存在“高本低效”的现象。

第二节　社区组织整合的内容

党的十八届三中全会通过的《中共中央关于全面深化改革若干重大问题的决定》明确指出，推进国家治理体系和治理能力现代化，一方面要求加快政府职能转变，进一步简政放权；另一方面要求创新社会治理体制，改进社会治理方式。党中央、国务院的文件精神，充分肯定了社区社会组织在推进社会治理能力和治理体系现代化建设中的作用。

---

① 赵守飞、谢正富：《合作治理：中国城市社区治理的发展方向》，《河北学刊》2013年第3期。

作为“全国社会治理创新实验区”，武昌区提出了“党委领导，政府负责，社会协同，公众参与，法治保障”的社会治理格局，以整合式思路，发挥社工、社区和社会组织的协同作用，有效利用社区社会组织、社区志愿者的优势，努力破解社会组织在实践中面临的缺乏足够公信力、获取资源能力较低、内部管理制度不健全、与社区内其他组织的关系有待理顺等问题，切实提升基层社会组织参与社会管理的能力。通过整合社区“三方”、整合社区社会组织、整合社区志愿者以及整合社区社会工作者实现创新社会治理体制，改进社会治理方式的目标。

一　整合社区“三方”

社区“三方”指的是社区居民委员会、业主委员会和物业公司。社区组织结构存在组织结构不合理、居民委员会行政化现象严重、社区各组织缺乏有机联系等诸多问题，缺乏自治能力的社区组织结构还导致社区居民参与不足。具体表现在以下这些方面：

首先，街道办事处与社区居民委员会关系。街道办事处和居民委员会行政化色彩过重，街道办事处与社区居民委员会之间职责划分不清，社会团体和中介性社会组织发育不足。在我国城市基层社区，除了街道办事处和居民委员会以外，其他社会团体和中介性社会组织不仅数量有限，而且缺乏独立性。比如，在许多居民小区，不管是社区服务志愿者协会、计划生育协会，还是老年人协会的主要工作，大多由居民委员会干部兼任。即使是居民委员会这样的自治组织，也往往成为街道办事处的“腿”。

其次，党组织与居民委员会关系。当下城市基层民主建设的一个重要问题就是党、居不分，具体表现为人员不分和职责不分。大多数社区居民委员会和基层党组织都是两块牌子，一套人马，很多社区存在党支部书记和居民委员会主任“一肩挑”的现象。因此，在各社区组织关系方面，居民委员会、业主委员会、物业公司这“三驾马车”在党组织的协调下达到一种互利合作的局面，对于城市社区治理具有重要的意义。

居民委员会是我国社区治理的最基层组织，同时也是我国基层政权建设的重要基础，它由居民自我管理、自我教育、自我服务，属于基层群众性自治组织，在我国社区各类群众组织中居于核心枢纽地位，社区居民委员会作为社区工作任务的主要承担者、社区管理机制的核心部门，其角色定位愈加重要，其对于自身角色的定位成功与否甚至直接影响整个社区制度成功与否。社区居民委员会不仅仅是单独的执行机构或议事机构，“它是由社区居民会议选举的委员组成的常设机构，不能简单地定位为‘议事层’或‘执行层’”[①]。因此，在社区建设实践中，社区居民委员会不断面临新的现实问题，这就要求切实找准自身角色定位，厘清自身工作职责（如表4-1社区居民委员会职责清单），不断满足社区管理要求。

表4-1 社区居民委员会职责清单

序号	职责	项目	内容
1	自我管理	民事民决	召集社区居民大会、居民代表会、居民议事会等，研究决定社区自治管理事项
		平安创建	组织居民积极参与社会治安综合治理、开展群防群治，调解居民间纠纷，及时化解矛盾，促进家庭和睦、邻里和谐
		协助政务	办理社区的公共事务和公益事业，协助政府做好与居民利益有关的公共卫生、计划生育、优抚救济、青少年教育等工作；管理社区居民委员会的财产
2	自我教育	宣传引领	宣传法律法规，教育居民履行法律义务
		遵规守约	教育居民遵守社会公德和居民公约
		文明倡导	教育居民参与文明城市创建活动
3	自我服务	便民服务	整合资源开展便民服务
		互助服务	组织居民开展互助服务
		志愿服务	引导社会开展志愿服务
4	依法监督	开展民评	组织居民开展公共政策听证活动，对政府部门进行民主评议
		反映民意	向政府反映居民意见，对公共服务进行监督
		指导监督	指导和监督社区内社会组织、业主委员会、业主大会、物业服务机构开展工作

① 杨贵华：《社区居民自治与社区居委会建设若干问题探析》，《科学社会主义》2012年第3期。

物业公司作为社区多元治理主体中的一支重要力量，由于其与居民群众现实生活的特殊关系，而在我国社会治理体系格局中占有重要地位。当前，我国正处于社会转型时期，物业管理也由过去单位统包向市场化经营过渡转型，政府、社会和居民还不够协调一致，成为我国城市基层治理中一个很突出的问题。从武昌区的情况来看，物业管理工作中主要存在物业服务质量不高、物业管理综合治理机制落实不到位、物业企业管理水平整体不高等突出问题。这些问题在新建小区和老旧小区都存在，怎么解决？对此，需要做出如下几点努力：

第一，要在前几年持续投入小区基础设施改造的基础上，进一步加大老旧小区基础设施的建设改造力度，争取居民群众的理解和支持。

第二，要探索建立老旧小区房屋维修基金，政府财政出资，每年持续投入，解决居民群众的后顾之忧。

第三，要广泛深入地开展宣传教育，通过普及物业管理知识、推进小区自治、改善生活环境等手段，增强居民对小区共同生活家园的热爱和参与，提升物业消费观念。

第四，各街道要根据不同社区、小区实际，尊重小区居民意见，积极探索符合居民需求的物业管理方式，加快实现全区物业管理全覆盖。

业主委员会是由物业管理区域内业主代表组成，代表业主利益向社会或政府各方反映业主意愿和要求，并监督物业管理公司管理运作的一个民间性组织，它是业主行使共同管理权的一种特殊形式。但在实际操作中，业主委员会一直存在着法律地位不明、职责不清、运作不规范、作用发挥不够等问题。[①] 如何通过联动机制解决社区居民委员会、业主委员会、物业公司三方之间的矛盾？这就要求要做到社区居民委员会充分尊重物业公司、业主委员会，同时给予必要的支持，将三方团结在一起，形成合力，更要充分发扬民主，激发居民的主人

---

① 李思伦、冯成辰：《论业主委员会的法律地位》，《西南政法大学学报》2010 年第 2 期。

翁意识，在自我管理的过程中享受到小区秩序管理带来的好处。具体可以从如下几个方面努力：

第一，在新建小区物业公司进驻之前，各街道要提前介入，加强与开发商、物业企业的沟通协调。

第二，在小区交房后及时组建社区居民委员会和业主委员会（符合条件的），建立健全“三方联动”机制，无法成立业主委员会的要及时明确社区居民委员会代管，划分好网格，派驻网格员，加强对小区物业服务、装饰装修、社会治安等问题的发现和处置。

第三，政府有关职能部门要切实转变作风，积极参与小区物业管理工作，物业公司进驻之时就是政府工作跟进之时，重点加强对物业公司服务质量的监管，推动全区物业公司提升行业管理服务水平。

第四，各街道要切实对物业管理负起责任，对出现的物业管理方面的纠纷和问题，要及时调查处理，把问题和矛盾消除在萌芽状态。

第五，要加强物业公司、社区居民委员会和业主委员会“三方联动”，特别是加强对业主委员会的指导和监督，包括规范业主大会、业主委员会日常运作等，切实发挥好业主委员会沟通问题、化解矛盾的作用。

二　整合社区社会组织

在我国，社会组织包括从事非营利活动的社会团体、民办非企业单位和利用社会捐赠的财产从事公益事业的基金会三种类型。[①] 社区社会组织不同于社会组织，它是社会组织的重要组成部分，社会组织与社区社会组织是包容与被包容关系。社区社会组织指以社区为本，居民自愿组建的履行自我教育、自我管理、自我服务、自我监督、自我发展的各类非营利组织的总称。按照一般划分方法，社区社会组织可以分为：联谊性组织（文体活动组织）、志愿性组织（志愿服务组

① 孔娜娜、王超兴：《社会组织参与突发事件治理的边界及其实现：基于类型和阶段的分析》，《社会主义研究》2016 年第 4 期。

织）、专业性组织（专业服务组织）、维权性组织（业主委员会）、准公权组织（居民委员会）。①

社区社会组织活动范围和服务对象的限定性，决定了其主要包括居民委员会、业主委员会、社区福利组织、社区服务组织、志愿者组织、慈善组织和一些社区非营利的行业性组织，以及许多自发组织的草根组织，比如，文化体育类社团、书画协会、环保团体等。主要活动包括：为社区内的弱势群体和优抚对象以无偿或低偿方式提供福利性服务；为社区普通居民提供便民利民日常服务；为社区普通居民提供文化、体育、教育等服务；为提高社区居民生活水平和环境质量提供管理服务，等等。② 通过这些服务，可以增强社区居民的凝聚力、向心力，减少矛盾与冲突，从而促进基层社区的和谐发展。

社区组织承接的社会性事务主要包括：下岗失业人员、流动人口、离退休人员的管理；社区基础设施的管理；组织社区文体娱乐活动、宣传教育；社会救助、志愿者活动等。社区组织通过提供社会化服务，协调好社区与企业的关系，为基层社会协调发展创造良好的微观基础。根据登记情况，武昌区目前的社区社会组织可以分为三种类型，如表 4-2 所示。

表 4-2　　武昌区社区社会组织的三种不同类型

类别	项目名称	项目内容	工作职责
第一类	民办非企业（经正式登记、有法人资格）	各类社区工作站、社区服务中心、民办养老机构、民办幼儿园等	从事便民利民的社会事务服务、家政服务、老年服务、医疗保健服务、再就业服务等服务性工作
第二类	“准社团组织”（市、县、区或街道备案）	老年协会、计生协会、妇儿协会、帮教协会、残疾人协会等	依附于社区居民委员会，协助居民委员会做相关的工作，开展一些活动

① 张俊芳：《中国城市社区的组织与管理》，东南大学出版社 2004 年版，第 36—37 页。

② 吴志华、瞿桂平：《大都市社区治理研究：以上海为例》，复旦大学出版社 2008 年版，第 141 页。

续表

类别	项目名称	项目内容	工作职责
第三类	“草根组织”（未登记、未备案、社区居民自发自愿组织成立）	文化体育类社团、书画协会、环保团体等	为社区普通居民提供文化、体育、教育等服务；为提高社区居民生活水平和环境质量提供管理服务

表 4-3　　武昌区社区社会组织活动项目清单

项目名称	服务人群或涉及领域
《社区小学生暑托班项目》	青少年
《“街道亲之光”社区亲子教育种子讲师计划》	青少年
《社区小学生暑托班项目》	青少年
《绿色低碳帮扶项目》	残疾人
《残疾人音乐发展计划》	残疾人
《绿色低碳帮扶项目（助残）》	残疾人
《爱心衣牵万“手工绒线编织”》	残疾人
《“与爱同行”——社区临终关怀服务计划》	老年人
《社区老年人关爱服务项目》	老年人
《社区老年活动室服务项目》	老年人
《社区老年人心理关爱服务项目》	老年人
《离休干部居家养老服务》	老年人
《离退干部心理养生》	老年人
《养老服务》	老年人
《安全天使（流动儿童）》	流动儿童
《0—3 岁儿童早教示范点建设》	儿童
《来汉女性关爱服务项目》	外来人口
《助困综合服务项目》	助困
《光谷软件园 PARK91 白领公寓生活馆》	白领群体
《世博阳光助行“协助康复与平安世博”计划》	精神障碍
《社会组织课题研究》	其他
《益暖街道“微公益”项目》	社区建设
《社区群文自治团队负责人与楼组长能力建设系列培训》	社区建设
《社会组织培育发展及规范化建设》	社区建设
《入党积极分子培训》《党员志愿者》《开放式组织生活》	党员服务

续表

项目名称	服务人群或涉及领域
《非遗保护工作及码头号子歌舞团实体化运作》	文化
《物业党建联建（含业主自治）》《潮汐式停车》	物业管理
《居家健康》	健康
《呵护心之窗（眼保健）》	健康
《公共事务监督评估》《民主评议基层站所》《政风行风监督》	评估
《完善社区青年就业创业的共治体系》《三基地一条街创业行动》	就业
《机关、居民委员会、社区单位及社区热线各处置部门系统运营》	信息服务
《社区志愿者工作》	志愿者服务
《慈善救助》	救助

具体业务的范围包括：

1. 社区文化培训表演、体育训练及项目、中老年健身及交谊舞蹈培训表演、巾帼风采健身培训比赛、各种生活常识、健康知识、计划生育知识及医疗救护培训、奥运英语培训及讲座、青少年读书活动。

2. 亲情就业服务、手工编织服务、敬老爱老服务、便民家政服务、女性健康服务；居民来信来访事务处理、居民投诉处理、居民求助事务、居民纠纷处理、重点人员帮扶；为居民小事担忧烦心事解“忧虑”；困难家庭学生补课、生活自救技术辅导、低保家庭残疾人家庭服务、清理卫生服务、大龄困难青年婚姻介绍。

3. 青少年教育、“阳光学校”义工矫正及结对帮扶、居民事务代理、棋类活动和比赛、旅游服务、绿色消费常识指导、红十字志愿者服务。

4. 空巢老人服务、助残帮残服务、残疾人康复服务、慈善捐助服务。

5. 环境卫生清理、绿色环保维护、绿地认养、花草认养及维护、楼院安全巡视、消防交通安全知识培训、居民安全用电用气知识培训。

6. “阳光学校”刑缓少年帮扶、家庭邻里纠纷调解、妇女儿童合法权益维护、青少年维权服务、青少年心理健康知识培训辅导、社区民主日活动、居民金点子征集。

图 4-1 社区组织成果展示

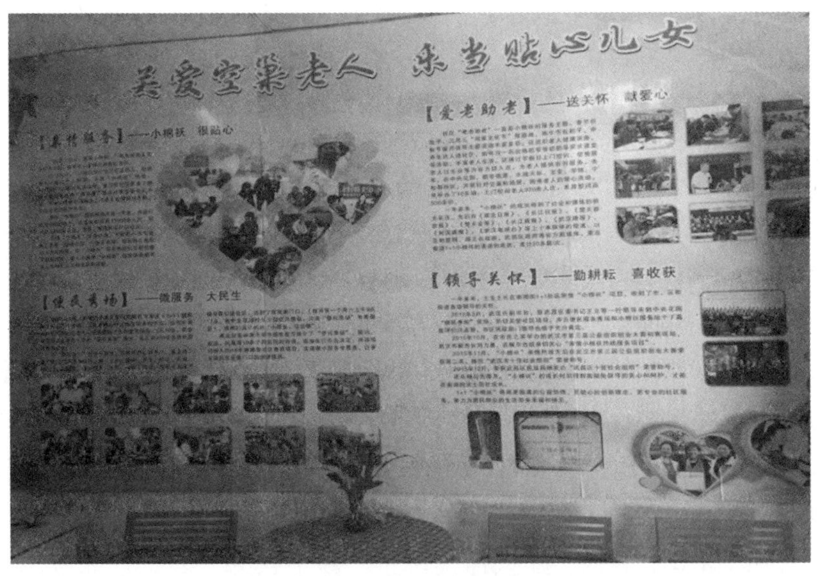

图 4-2 南湖“1+1”便民服务中心

三　整合社区志愿者

《关于加强社会工作专业人才队伍建设的意见》指出，要建立社会工作专业人才和志愿者队伍联动服务机制。志愿者队伍是社会工作专业人才开展服务的重要补充力量。建立健全面向全社会的志愿服务动员系统，进一步完善志愿服务体系，普及志愿理念，强化志愿意识，弘扬志愿精神，倡导志愿行为，完善激励机制，培育一支参与广、功能强、作用好的宏大志愿者队伍。社区志愿者是当前和谐社区管理中一支不可忽视的力量。志愿队伍最大限度地动员了社区内有资源的热心人士参与社区建设，为社区各类弱势群体提供多层面的服务，是有效开展社区居家养老、扶贫帮困工作的实践途径。

第一，发展社区志愿者服务队伍。近年来，武昌区积极推动社区志愿者建设，发展志愿者为社区居民提供各类服务，取得了良好的社会反响。一方面，积极发展党员志愿者；另一方面，鼓励和引导社区居民登记注册为志愿者并成立相关志愿者组织。此外，引进专业的培训机制，从志愿者管理、服务机制、服务方式、服务能力、激励机制等方面提升志愿者群体素质。

表 4-4　　志愿者相关权利保障清单

参加培训	义工接受足以担任所提供义工服务的培训，以及义工团队开展的团体建设等团队活动
受到尊重	每位义工都受到一视同仁，尊重每位义工的自由、尊严、隐私及信仰
环境适当	确保在适当安全与卫生条件下开展义务工作，义工有权力拒绝在不安全的环境中服务
参与机会	参与所从事的义工服务计划的策划、设计、执行及评估，以及所在团队的事务
获得资讯	获得从事义工服务的完整资讯，包含服务组织方、服务对象、服务流程、服务目标等
安全保障	义工服务使用单位或义工组织应为义工购买相应的保险，保障义工人身安全。义工组织应举行安全演练降低义工服务风险
服务保障	义工服务使用单位或义工组织应为服务提供相应服务保障，确保服务顺利开展

图 4-3　社工联动志愿者开展服务进社区活动

社区志愿者队伍的不断壮大，对于服务居民，开展居民自治，弘扬志愿者精神具有重大意义。一方面，大量志愿者的加入，使得社区服务中心、社区居民委员会能够运用更加丰富、多样的社会人力、物力和财力资源，更好地为社区居民做好服务；另一方面，随着志愿者数量的增加，活跃程度的提高，带动了社区其他居民参与到自治活动中，活跃了社区氛围，调动了广大社区居民参与社区公共事务的积极性，促进了居民自治的良性运行。更重要的是，志愿者队伍的增加，以及大量志愿活动的开展对社区居民尤其是青少年的成长具有深远的影响，有利于社区居民树立助人自助的志愿精神，有利于社区青少年、儿童从小培养志愿者精神，为未来社区的发展和建设提供强大的文化支持。

第二，引导社区志愿者角色转变。随着社区志愿者队伍的不断壮大，广大社区居民从志愿服务中获得的收益和满足不断增长，在长期志愿服务影响下，志愿活动深入人心，融入社区居民日常的生产与生活之中，成为社区居民生活中不可或缺的一部分，一些社区居民逐渐

图 4-4　武昌区社区志愿者开展服务

由志愿服务的对象向志愿服务的提供者转变。

案例：守望相助　用爱传递希望

在大多数人的眼里，纪师傅是一个不苟言笑、手艺精湛的手艺人，他在昙华林拾间书局有一个小商铺，售卖蛋雕、木片洛画等手工作品，有时候也会免费收徒，传承手艺。在他的脸上有着岁月的沧桑，也有着为人所不知的苦楚。

2012 年，纪师傅的独子因病去世，儿媳在儿子去世后回到了娘家，原本幸福的四口之家，因儿子的离世，变得支离破碎，丧子之痛让老两口痛苦不堪，使他们的生活陷入了绝望之中，2014 年，粮道街开展生计困难老人支援项目，纪师傅和他老伴被列为项目服务对象，武汉博雅社会工作服务中心驻粮道街社工多次上门探访，疏导老人情绪，组织老人参与项目活动，通过茶话会、兴趣小组、游园等活动，让老人逐渐融入社会。为了充分调动纪师傅的积极性，社工有意识地让纪师傅发挥他的专长，从生日会让他向其他老人介绍蛋雕，再到开展蛋雕制作培训活动，让他从服务对象变成项目骨干，服务他人，现在的纪师傅脸上经常能够看到笑容，特别是在传授他所熟悉的手艺时，更是容光焕发。帮助他人，实现自我，生命的意义就在于此。

社区居民委员会人员有限，面对社区很多事务和问题时，常常心有余而力不足。通过组织志愿者参与社区服务，就事半功倍了。同时原本被志愿者服务的对象成功转换成为志愿者。根据居民的不同服务需求，专门的志愿者服务队伍可以提供专业化的服务，大大提高了服务的质量和水平。志愿者服务，不仅提高了居民对社区居委会的满意度，还提升了社区居委会在居民心目中的地位。

第三，分级管理志愿者服务队伍。建立“区—街—社区”三级志愿服务体系，对志愿服务的标志、旗帜、志愿服、胸牌和会歌实现“五统一”。实现“日常服务社工指导、志愿者实践，专业服务社工实践、志愿者配合，大型服务社工组织、志愿者实施，倡导服务社工推动、志愿者传播”的新模式。建立全区统一的志愿者信息管理系统，规范了志愿者招募、注册、登记和管理工作的流程，实现志愿服务的规范管理。按照志愿者登记的专业特长、服务意向、服务区域等进行分类，做到信息真实、分类合理、便于组织、服务便捷，实现分类管理。指导社区居民在网上统一登记成为志愿者大家庭的一员，并发放志愿者证，利用信息化的平台对志愿参与服务活动的时间、地点、类别进行统一登记与管理，根据社区志愿者提供志愿服务的时间和服务质量，每年评选出“十佳社区志愿者”和“十佳社区志愿者组织”，对优秀志愿者和志愿者团队进行表彰。开通“武昌益动”公众微信平台，向全社会宣传社会工作与志愿服务活动，搭建“社区+志愿者”供需对接平台，促进社区志愿服务长期、常态地进行，优化资源配置，提升服务效能。发挥武昌区志愿者协会在管理志愿者服务活动、统筹协调志愿者服务队伍、设计志愿者服务重大项目等方面的作用。

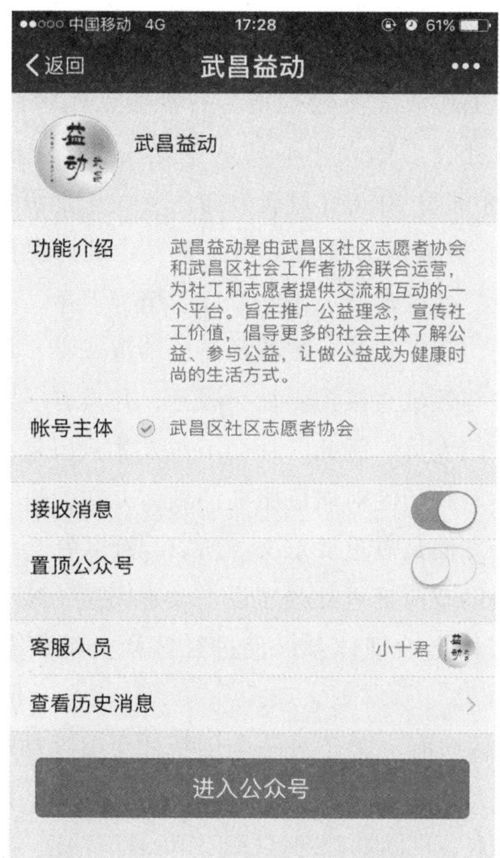

图 4-5　“武昌益动”公众号平台

图 4-6　武昌区“十佳社区志愿者”和“十佳社区志愿者组织”受表彰

四 整合社区社会工作者

狭义的社会工作人才一般是指持有社会工作师证的专业社工，[①]而从广义上看，社会工作人才不只是专业社工这一群体。根据中组部、民政部等 18 部委 2011 年联合发布的《关于加强社会工作人才队伍建设的意见》，可以认为社会工作专业人才是指在社会福利、社会救助、慈善事业、社区建设、婚姻家庭、精神卫生、残障康复、教育辅导、就业援助、职工帮扶、犯罪预防、禁毒戒毒、司法矫治、人口计生、应急处置等领域直接提供社会服务，并具有一定社会工作专业知识和技能的专门人员。因此，社会工作人才队伍是社区治理和服务的主力军，是政府和社区对居民服务的载体，在促进社会协同治理和引导公众参与等方面具有重要意义。所以，社区社会工作人才队伍旨在培养一支能协助政府推进社会建设、改善民生、减少社会矛盾，同时还能健全基层社会治理体系，促进社区社会组织建设的社工人才队伍。

武昌区委、区政府《关于进一步创新社会治理加强社区建设的意见》提出要完善基层治理体系、提升基层治理能力、促进社会和谐发展，实现凝聚群众、巩固基础的目标。作为社区治理与服务创新的中坚力量，社区工作者的能力建设成为亟待解决的问题。以粮道街社会工作服务中心为例，该中心于 2015 年成立，正在运作“协同善治”项目。项目以构建善治体系为目标，以“社会治理”理论为指导，通过“社会工作”专业工作手法，结合粮道街特色，以粮道街昙华林文化街区为核心，开展居民老旧物业自治、志愿者团队建设、社区文化品牌打造、社区增能等服务，建立以教授督导+专业社工+社区持证社区工作者+实习学生+社区志愿者为核心的服务模式，坚持校地共建、专家把脉的同时，强调专业、重视参与，形成背靠政府、面向居民的运作方式，并以社区为平台、社区组织为载体、社会工作为支撑，搭建资源共

① 张海：《承认视角下我国社会工作职业化发展的现状与趋势》，《探索》2016 年第 5 期。

享的平台，从而达成多方协同、共同治理的创新模式。

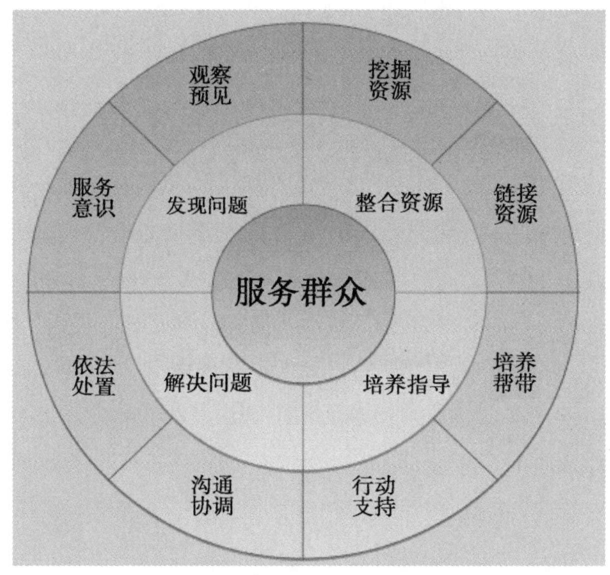

图 4-7　社会工作者能力结构

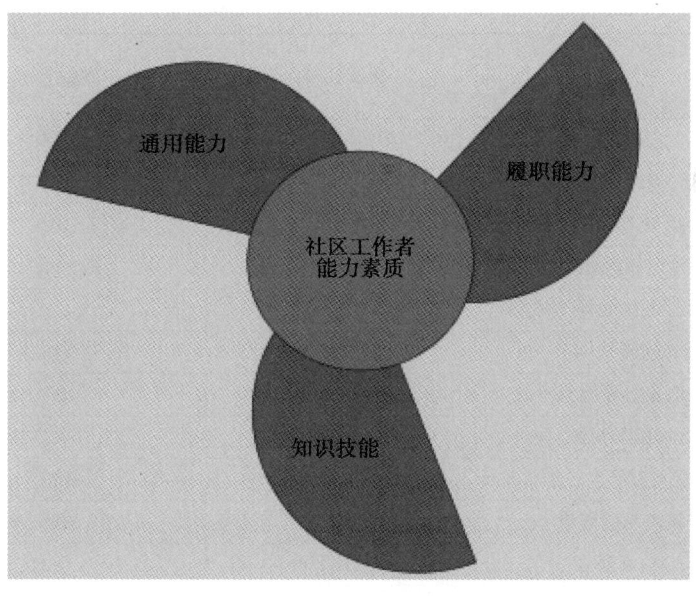

图 4-8　社区社会工作者能力素质模型

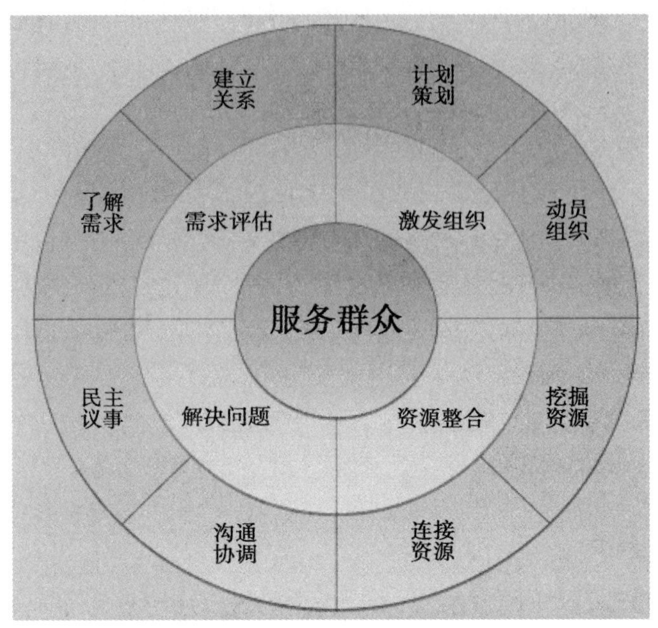

图 4-9 社会工作者能力素质结构

表 4-5 社会工作者能力指标权重

能力类型 \ 权重	街道领导	其他干部
A. 发现问题能力	20%	30%
A1. 服务意识	1/2	1/2
A2. 观察预见	1/2	1/2
B. 资源整合能力	30%	20%
B1. 挖掘资源	1/3	1/3
B2. 连接资源	2/3	2/3
C. 培养指导能力	20%	20%
C1. 培养帮带	1/2	1/2
C2. 行动支持	1/2	1/2
D. 解决问题能力	30%	30%
D1. 沟通协调	1/2	1/2
D2. 依法处置	1/2	1/2

第一，创新体制机制，加强政府购买。从人力资源管理的角度来

看，社工人才队伍建设需要遵循的原则之一是因事设岗，[①] 这就要求社工人才队伍建设需要以社会工作的需求为导向。因此居民对社会工作的需求所涉及的领域是社工人才队伍建设需要参照的重要指标，创新社会工作服务机制有利于其领域的拓展，能更合理地探索出居民对社会工作服务的客观需要，以引导社会工作人才队伍建设的科学推进。政府购买将社会工作服务外包对社工人才队伍建设的意义有三：一是为社区居民委员会成员（社区工作站成员）减负，将社会工作中的大部分服务职能从他们肩上卸下，从而能使其更专注于本职工作；二是为专业社工和社区志愿者提供了更多服务领域和服务机会；三是为专业社工提供了充足的服务平台，使专业社工能成为职业化的工作者，提高职业归属感和认可度。

第二，增加政府经费投入。财政投入是社工人才队伍建设的必要财力保障，是保障社工人才队伍能力长效提高的重要力量。武昌区重视对社工人才队伍建设的财政投入，不仅将社会工作及其人才队伍建设工作经费和业务经费纳入区财政预算，提高社会工作资金的使用效率，还设立了专门保障区专业社工人才发展的专项扶持基金，促进社工的从业能力提高。一是将社工人才队伍建设纳入财政预算。有效提高财政经费的使用效率，将社会工作及其人才队伍建设工作经费和业务经费纳入区财政预算，建立由公共财政长效保障的机制，建立和完善了相关的财务管理制度、服务项目投标制度、绩效审计制度、评估探访制度、年度工作报告等制度，提高社会工作资金的使用效率。二是设立新区专业社工人才扶持资金。由于我国高等院校相关学科建设较晚、行业起步较迟等原因，专业社工的人数规模较少，是社工人才队伍中较为薄弱的一个环节，但是其重要性却在社工人才队伍中较为突出，为建立专业社工的激励保障机制，制定了《武昌区社会工作人才扶持办法（暂行）》，并明确提出设立武昌区社会工作专业人才扶持资金，用于社工继续教育、人才补贴、项目创新、课题研究和权

① 中共武汉市汉阳区委、武汉市汉阳区人民政府：《整合社区人力资源 深化基层公共服务》，《学习月刊》2010 年第 5 期。

益保障等工作。

第三，社区社会工作者的专业水平有待提升。专业社会工作者相较于其他社会工作者的特殊之处在于其专业性，这也是专业社工的价值所在。为了提高专业社工人才队伍提供专业服务的能力，武昌区提高了专业社工人才的入职门槛，并加强在岗社工人才的继续教育工作，积极组织人员参加全国社会工作者职业水平考试，全面提高了专业社工的专业化水平。表 4-5 为武昌区专业社工人才队伍的知识化和专业化情况。

表 4-6　武昌区专业社工专业化水平统计（截至 2015 年 12 月 21 日）

社工类别	学历比例			社工及相关专业比例	持证率
	大专以下	本科与大专	本科以上		
岗位社工	0	97%	3%	60%	90%
项目社工	4.5%	91%	4.5%	52%	77%
中心社工	3.5%	93%	3.5%	56%	60%
总计	3.2%	93.2%	3.6%	55.8%	67.2%

资料来源：根据武昌区社工协会年度统计数据整理而成。

由表 4-6 可以看出，到 2015 年年底，武昌区社工人才的专业化程度已达到较高水平：从专业社工受教育程度来看，大专及本科以上学历达到了 97%，其中还不乏来自如中山大学、华中师范大学等“985”“211”名校的优秀人才，知识化水平显著提高；除了心理学、管理学、医疗护理等与社会工作相关专业外，受教育专业与社会工作直接对口的专业社工达到 55.8%，专业社工持证率也达到了 67.2%，专业社工人才队伍的专业化水平也明显提高。根据武昌区工作进度预计，到 2016 年年底将实现全区具有社会工作师职业资格证书的专业社会工作者总数比实验区建设前增加 51%，达到 480 人以上，专业社会工作者持证率将提高到 80%以上。

第三节　社区组织整合的方式

社区组织是基层治理的主体之一，是指由社区组织或个人在社区

（镇、街道）范围内单独或联合举办、在社区范围内开展活动、满足社区居民不同需求的民间自发组织，通常具有非营利性、公益性、服务性的特点。[①] 培育和发展社区社会组织，是加强社会组织建设、构建和谐社区的重要组成部分，也是保障改善民生、提供公共服务、加强社会管理、完善社区自治的重要保证。武昌区通过培育和发展各类社区社会组织，丰富了居民业余生活，拓宽了服务领域，动员了社区居民积极参与，促进了社区居民自治和基层民主。

一　“三方联动”助力社区组织服务力度

社区社会组织是社区治理的重要主体之一，是承接政府购买服务的主要力量，其在完善政府公共服务等方面发挥了重要作用。近年来，武昌区政府不断创新公共服务的供给方式，大力发展和培育社会组织，支持社会组织根据自身优势提供优质公共服务，通过与社区组织的合作，积极引导社会组织参与社区治理和“三方联动”，增强了社区活力，提升了社区治理效益。在社区建设过程中，“三方联动”机制功能发挥得好与坏直接影响居民生活的幸福指数。为强化“三方联动”机制，武昌区坚持多措并举，不断完善联动服务机制。

（一）党建引领“三方联动”，打造“三方联动”的凝聚机制

深入推进基层党组织建设，构建科学、规范、高效、有序的基层党组织体系和党建工作格局。充分发挥基层党组织的战斗堡垒作用和党员干部的先锋模范作用，不断提升区域化党建工作水平，以党建引领提升服务效能，为推进社区治理创新奠定坚强的组织保障。

武昌区探讨在物业公司、业主委员会中建立非公党支部和临时党支部，并将它们纳入社区党总支的领导范围内，这样就充分利用党组织的凝聚力，通过社区党总支将社区居民委员会、业主委员会和物业公司联系起来。这样党建就在“三方联动”中起到了核心驱动作用，社区党总支推动小区业主委员会成立。为了防止小区物业问题产生，

① 田华、陈静波：《论社区公共服务供给中的多元化主体》，《云南行政学院学报》2007 年第 6 期。

影响居民生活，胭脂路社区党总支成员利用工作之外的时间，走访小区业主收集意见并与业主沟通，引导他们达成共识，成立“顶秀嘉园”小区业主委员会筹备小组，并广泛听取业主意见，召开听证会、恳谈会四场次，于 2013 年 3 月份顺利召开了全体业主大会，成立了业主委员会。成立后的业主委员会暂管小区物业服务，申请维修资金修理电梯、修缮房屋漏水；聘请保洁人员，将原有安保人员进行岗位调整和分工，并制定工作规章制度、动员小区业主参与后期管理等。

小区成立党支部，联动“三长三员”完善物业服务。社区在顶秀嘉园成立小区党支部，召集有威望的老干部共同参与，使“三方联动”在小区发挥正能量作用，公开联系方式落实工作责任，“双向进入、交叉任职”，社区党总支书记一肩挑，总支成员担任物业服务处总监。2014 年 2 月社区党总支举行老少同乐有奖猜灯谜活动，顶秀嘉园小区作为分会场参与者 100 余人次，共同幸福度过元宵节。社区党总支成员带领“三长三员”亲自拜访顶秀嘉园居民，上门收取物业管理费。通过三方上门服务工作，小区业主与社区居民委员会、业主委员会、物业公司的关系更加融洽、沟通更加顺畅，提升了小区业主的生活满意度，物业费收缴率显著提升，维持在 85%到 90%。

（二）建立交叉任职机制，建立“三方联动”的组织机制

实验区建设以来，武昌区委、区政府着力强化社区党总支的领导核心作用，以社区居民委员会、业主委员会和物业服务企业为工作主体，建立“资源联享、活动联办、事务联议、服务联评”的“三方联动”运作机制，形成权责明晰、运行规范、主动高效的社区服务新格局。通过交叉任职，建立“三方联动”的组织机构，形成组织保障。

武昌区中央花园社区探讨建立居民委员会、业主委员会和物业公司的交叉任职机制，如居民委员会成员受聘物业公司服务品质监督员、物业公司经理兼任居民委员会副主任，居民委员会成员竞选业主委员会委员。南湖街辖区都是纯物业化管理的小区，在实验区建设过程中，建立了党组织领导下的“三方联动”机制框架，并根据运行过程中碰到的新问题不断总结经验，修订了相关制度 11 项，新建制

度2项，创建了一个治理物业化管理小区的模板。中南路街抓住“为民、便民、利民”这一根本，积极破解老旧小区物业自治管理的难题，探索出了一条老旧小区物业自治管理、有偿服务、持续发展的新路子。即在社区“两委”的带领下，采取居民代表大会、邻里见面会、物业恳谈会等形式，引导小区居民依靠自身力量参与解决物业管理中的问题；在加强物业自治管理的过程中，在自治管理、为民服务、财务收支、门卫值守、停车管理等方面制定了详细的工作标准和工作规范。针对物业收费问题，开辟了收费渠道、公布服务标准、公开收支情况，促进小区管理持续有力、有章可依、运行规范。

案例：百姓瞭望台共建幸福家园——杨园街国棉社区

现阶段物业小区管理中普遍存在居民委员会、物业公司、业主委员会之间“沟通难、协调难、共识难”等难题。杨园街国棉社区党组织针对性的找准切入点，总结出“三三六”工作模式，有效解决了问题。

通过四项举措，合力从组织上保障“三方联动”得以高质高效实行。

1. 明确三方职责。准确定位三方角色，明确三方工作职责。制定了“三方联动”社区居民委员会工作职责、“三方联动”物业管理公司工作职责、“三方联动”业主委员会职责，并在社区内进行公示。

2. 加强社区居民委员会监督物业公司的行为。通过制定“三方联动”重大事项听证制度、“三方联动”民主决策制度解决社区居民与物业公司之间的利益矛盾，维持社区居民的公共权利，补足政府对物业公司管理的缺位。

3. 实行双向进入交叉任职。推荐符合条件的社区“两委”成员，通过法定程序兼任业主委员会主任或委员，推选党小组长和楼栋长担任业主代表，推荐业主委员会委员、物业服务公司负责人中的党员担任社区大党委组织成员，挑选优秀的业主委员会主任、物业服务公司经理担任社区居民委员会兼职委员。

4. 整合辖区单位资源，树立共享意识，提高社区资源的利用率。组织居民成立公共文明劝导队、消防治安巡逻队、环境美化队、义务家教队、家电维修队和公共设施维护队，热心为小区居民服务，加强社区凝聚力。

通过上述材料可知，社区“三方联动”机制的建立，已经成为发挥社会矛盾调处功能、服务社会功能，促和维稳功能的重要载体和动力之源，亦能给社区居民带来更好的社会服务。“三方联动”促进了小区管理规范，居民委员会与物业服务公司、业主委员会之间形成了良性的指导与被指导、监督与被监督的互动关系，相互尊重、相互理解、相互支持，最终形成最大合力，大大促进了和谐社区的建设。“三方联动”机制形成以来促进了交流、增进了感情、赢得了相互理解和认同，齐心协力投入居民服务，整体提升了居民幸福指数。

（三）探讨互联网加速“三方联动”，提升“三方联动”的效率

武昌区借助“互联网+”的契机，将“三方联动”搬到网络上，从而提升效率。如将社区居民委员会、业主委员会和物业公司的服务内容全部搬到网上，分别使用格格在线、掌上物管、业主天地这些模块，将各方的服务内容网络化，各方的需求可以在网上提交，相关问题会及时受理，这样就打造了实体性联席会议制度对时间空间的约束，同时提升了“三方联动”的效率。

武昌区革新治理方式，通过“互联网+网格”，不断推动社区精细化服务。一是将信息化和网格化相结合，实现了问题上报和任务分派的无缝对接，为居民提供快捷服务；二是从问题的发现，到任务分派、问题处置、结果如何，在信息化平台上一目了然，实现可视化。武昌区黄鹤楼街道与积玉桥街道走在前沿，积极开发智慧街道指挥调度系统软件，主要有三块：“社会综合管理与服务数字化系统”手机软件，微信公众平台——“武昌发布”和黄鹤楼街网格化管理指挥中心。探索打造网格化管理指挥中心，科学划分社区网格，着力充实网格服务团队，成功将智能网络和管理网格融合，实现两网合一、互联互动。尤其是在“智慧街道”基础上，进一步优化了网格化信息平台建设，以信息化手段为依托，提供高效率、精准化服务，确保小事

不出网格、大事不出社区、街道，居民足不出户解决实际问题。这种新型服务模式打破了传统社区服务在时间、空间上所受到的限制，使社区居民能够简单、快捷、方便地获得服务信息，得到服务帮助，也使得社区工作者能及时、有效地回应居民需求。

近年来，武昌区大部分社区将移动互联网技术应用到物业管理和服务中，创新“互联网+物业”服务模式，对传统物业管理手段进行革新，提升了物业服务效率和业主满意度。目前，武昌区政府投入大量资金构建社区服务信息平台，包括数字居民网络和管理信息系统。社区物业主动牵头，运用“互联网+”思维，依托社区居民委员会、业主委员会力量，建立物业信息服务平台，整合了社区网站、微博、电话、短信、QQ 群、APP 手持终端以及微信公众号等平台，提升了物业服务效率和满意度。武昌区南湖街中央花园社区建立智慧服务平台，使业主报事报修、物业费停车费查询、网上缴费等工作变得简单快捷，同时，也进一步拉近了物业与业主间的距离，提升客户黏度。“互联网+物业”的服务模式，极大地方便了居民的生活，在一定程度上也缓解了物业和业主之间的矛盾。

二　“三社联动”创新社区组织管理机制

近年来，武汉市武昌区以“政府扶持、社会承接、专业支撑、项目运作”为思路，以社会事社会办、专业事专业办为原则，以社工为核心、社区为平台、社会组织为载体，通过项目运作，积极探索社工、社区、社会组织跨界联动、相互嵌入的路径，创新社区治理，促进社区和谐，取得了一定成效。

（一）创新制度设计，为推进“三社联动”营造良好的政策环境

1. 加大顶层设计。先后出台《关于进一步创新社会治理加强社区建设的意见》《关于加强社会组织建设和管理的实施意见》《关于加强社会工作专业人才队伍建设的实施意见》等一批文件，在推进“区、街道、社区”综合配套体系改革的基础上，主动嵌入社会工作者协会、社区、社会组织服务中心，积极搭建居民委员会、业主委员会、物业公司三方协同共治平台。

2. 明确职责定位。厘清区、街道、社区的权责、权能、职能的范围和定位，按照“权随责走、费随事转”的原则，列出行政事务、公共服务、购买服务项目三个清单，相继推出了一系列改革举措。在区级层面，实行大部制改革；在街道层面，实行大中心制改革；在社区层面，实行大窗口制改革，实现“政府、社区、社会组织、居民”四个主体权责清晰，政府依法行政与社区依法自治有效衔接、良性互动，① 为社工、社会组织参与社区治理让渡空间。

3. 构建“1+4+1”橄榄型服务网络。武昌区在原有的民政委、区志愿者协会、区慈善总会的基础上，先后成立了区社会工作者协会和区社会组织促进会和全省首个社会组织孵化基地，形成“一委、四协会、一基地”的橄榄型服务网络。民政委负责社区的行政事务服务、公共服务、自治管理等事务，发挥主导作用。区社会组织孵化基地与各街道社区社会组织培育中心对接，负责培育社区服务的承载主体，发挥主体作用；社会工作者协会与各社区社会工作站（室）对接，发挥引领作用；社会组织促进会负责各类社会组织的融合交流、能力建设，以及外来社会资源、组织的对接等，发挥跨界联动作用；社区志愿者协会与各社区成立的各类志愿者服务队对接，发挥协同作用；武昌区慈善总会与各街道慈善分会对接，为社会工作服务提供资源支持，发挥类似社区基金会的功能。橄榄型服务网络，把主导、主体、协同、引领等作用编织在一起，实现了跨界联动。

（二）整合社会资源，为推进“三社联动”创造融合的基础条件

1. 强化基础设施，夯实服务基础。全方位整合各方资源，强力推进“五务合一”建设，把功能完备的党员群众服务中心建到群众家门口，整合成为居民群众以及社工站和社会组织的活动中心。目前，全区办公活动场所面积 1000 平方米以上的社区 92 个，按照因地制宜、精简高效、资源共享的原则，活动场地全部向社工和社会组织开放，实现社工和社会组织活动阵地、活动资源最大限度共享。投入

---

① 陈伟东等：《中国和谐社区——江汉模式》，中国社会出版社 2010 年版，第 132—142 页。

图 4-10　胭脂大院“三社联动 扮亮楼道”活动

500 万元，建成华中地区首家区级社会组织孵化基地，由国内知名的社会创新机构江苏乐仁乐助参与管理，50 余家特色鲜明、群众欢迎的公益组织入驻，免费提供办公场地、办公设备、注册协助等基础支持。按照“萌芽期重辅助、初创期重能力、发展期重规划、成熟期重资源”的原则，为入驻社会组织提供战略规划。

2. 加大资金投入，提供经费保障。近年来，武昌区加大财政资金投入，每年每个社区按 20 万元的标准，安排社区惠民资金，解决居民最关心、最直接、最现实的问题；近三年，累计购买社会工作项目经费达 1200 万元，投入社会组织培育经费和孵化基地建设经费 300 多万元。完善激励措施，鼓励社区居民委员会、社区社会组织、社会工作者发掘居民需求，设计公益项目。因此，投入资金 100 万元，率先在全省举办区级公益创投大赛，面向本土社会组织公开征集公益项目，从 155 个参赛项目中评选出 30 个为老服务项目和 10 个最受老人欢迎的公益创投项目。

3. 多方连接资源，拓展服务渠道。注重连接各种资源，搭建“社企、社社、政社、校社、社媒”等合作平台，打造社会组织成长的外部良性生态系统，实现组织服务对接百姓需求、人才培养对接社区需求。向企业推介优秀公益项目、建立爱心企业家联盟，搭建社会组织与企业之间的对接平台。每月定期召开社会组织联席会、社会组织伙伴日、公益体验日活动，搭建社会组织之间合作交流的平台与社会组织对外交流的平台。区直职能部门定期与社会组织召开对接会，搭建社会组织与政府的合作平台。与武汉大学、华中科技大学等 8 所高校、辖区街道签订共建协议，搭建高校专家智库、大学生公益人才、高校志愿者与社会组织的合作平台。成立武汉媒体公益观察团、微记者团，举办媒体开放日，搭建社会组织对外宣传及品牌建设平台。

图 4-11　社工带领社区社会组织居民骨干外出参观学习

（三）深化社工人才队伍建设，为推进“三社联动”提供丰富的智力支撑

1. 实施社工能力提升工程。坚持专业培训与知识普及相结合，提升存量与扩充增量，坚持“招、训、管、帮”多措并举，加快社工队伍本土化、在地化建设步伐。一抓考前培训，扩大队伍。每年组织开展初、中级社会工作师考前辅导培训，全区持证社工人数达 433 人。二抓专业知识普及，更新服务理念。累计培训达 100 余场，涵盖 6000 人次，社区培训覆盖面达 100%。三抓专业知识的运用，提升服

务能力。创立高校专家智库，组建专业服务督导团队，点对点对接、面对面督导，通过菜单式课程学习，促进社区工作者向专业社会工作者转型。目前，在城市社区服务、民政事业单位等服务机构，持证社工比例达到32%。

2. 实施社区“领头雁”和社工“领军人才”工程。继续做好全国社会工作者职业水平考试考前动员和辅导工作，不断增加社会工作专业人才数量，建设注册管理系统，进一步加强对社会工作专业人才的服务管理，建立健全继续教育制度和专业督导、培训。例如，武昌区近年来引进江苏乐仁乐助社会创新机构，开展骨干精英培训，以3年为周期，打造“50+50”核心社会工作精英团队。目前，已培训6期，受训人数达250余人，社区持证社工担任社区书记或主任、副主任的比例占全区社区总数的40%。

图4-12　武昌区社会工作能力提升培训

3. 开发社工岗位。按照提升效能、按需设置、循序渐进的原则，积极开发社会工作岗位。一是向专业社工服务机构购买社工服务项目，开发专业社工岗位300余个，为辖区居民提供婚姻、养老、助残、青少年帮扶等专业社会服务和管理。二是民政委招聘专业社工23名，在武昌区社会工作者协会、武昌区社区志愿者协会、社会组织促进会、区福利院、街道等岗位开展社会行政工作。三是培育区级社会工作服务机构15家，拓展专职社工就业空间。

4. 建立社工激励机制。一是制定出台《武昌区社区社会工作专业人才岗位补贴管理办法》，对持社工证的社区工作者以初级100元/月、中级200元/月的标准给予岗位补贴，鼓励社区工作者考取社工资格证。同时，将社会工作人才纳入武汉市“黄鹤英才（社会工作）”专项计划，除享受相关优惠政策外，给予每人10万元资金支持。二是每年组织开展“全区十佳‘一居一品’特色社区”“十佳优秀社会组织”“十佳最美社工”“十佳优秀志愿者组织”等评选活动。三是社工薪酬待遇提档升级，确保社工待遇持续增长。目前社工年薪达5.25万元（含五险）。四是打通社工职业晋升通道，每年拿出5—8个公务员和事业编制，面向社工招考。

（四）突出项目引领，为推进“三社联动”拓展联动的空间

1. 培育社会组织，丰富社区服务主体。采用“专业社工+本土社工+志愿者组织”的服务模式。目前，已培育社会组织1971家，在社工的引领下，活跃在武昌区各个街道、社区，开展就业培训、健康医疗、法律咨询、环境保护、家电维修等社区志愿服务，并涌现出了武昌区互帮助残中心、武昌区生命阳光、武昌区陈兰婚姻服务工作室一批有影响力的志愿者组织。

2. 开发社工项目，深化社区服务成果。以社会需求为导向，连续三年编制年度项目库，并纳入区经济社会发展总体规划。自2014年起，武昌区持续开展公益创投，先后投入300万举办两届公益创投大赛，推行“老吾老”（为老服务专场）、“高校青年志愿服务社区融入计划”和“关心你的残疾人邻居”等项目，推动购买社区公益服务项目200余个；投入1000多万元购买社工服务项目110个，吸引近300名社会工作者参与。

3. 建立联动机制，激发社区服务活力。一是优化项目设计。针对社区居民需求，社工引领社会组织共同参与开发服务项目，实现由“政府配餐”向“居民点菜”转化，为社区居民提供救助、文化、教育、卫生、就业、家庭等多方面服务。二是建立联动机制。充分发挥

专业社工引领本土社工的督导作用，吸纳社会组织和志愿者积极参与，共同对社区的重要事项进行“提、议、决、评”，通过联席会议、联通信息、联动服务等方式，整合社区服务力量，共享服务资源，为居民群众提供方便快捷的便民服务。三是完善协作机制。政府、社区、社会组织、居民四个治理主体，通过项目化的服务，建立专业服务督导机制、互动表达机制、过程体验机制、自我调节机制、多元协作机制等，相互促进，嵌入制约，协同发展。

图 4-13　戈甲营书画研究会之青少年公益书法培训班

三　“多元主体”参与社区协商民主建设

社区是社会治理的基础平台，日益成为各种政策的落实点、各种利益的交汇点、各类组织的落脚点、各种矛盾的集聚点，是创新社会治理的重要突破口。[①] 近年来，武昌区坚持以问题为导向，进一步强化“社区议事会”制度，拓展“四民工作法”，积极引导社区、辖区单位、社会组织、社区居民有序参与社区治理，推进社区多元主体共同参与社区自治管理。

① ［美］B. 盖伊·彼得斯：《政府未来的治理模式》，吴爱明、夏宏图译，中国人民大学出版社 2014 年版，第 124 页。

(一)扩大参与主体,聚集多方智慧

按照分类分层分级的原则,从政府、市场、社会三个层面,对社区协商主体予以明确。

1. 增强党的领导的坚定性。充分发挥基层党组织在社区民主协商中的领导核心作用,实现党的领导、人民当家作主和依法治国的有机统一。通过由街道大工委、社区大党委制度,以及共驻共建单位、业主委员会、社会组织党建机制组成的“两制度、三机制”,推进社区协商的覆盖和延伸。

2. 提升协商的质量和水平。专业性、技术性较强的协商事项,社区可邀请相关专家学者、专业技术人员、第三方机构参与协商并进行论证评估,充分发挥他们的智囊作用,切实提升社区协商议事成效。

3. 突出参与主体的多样性。注重吸纳威望高、办事公道的老党员、老干部、群众代表、党代表、人大代表、政协委员、驻社区律师、社区民警、专业社会工作者以及其他利益相关方成为社区民主协商的主体。整合各方资源,实现多元共治。

(二)明确协商内容,厘清权责关系

结合社区工作实际,科学界定协商内容的涵盖范围,广泛征集民主协商议题,着力突出社区民主协商议题的针对性和实用性。

1. 合理划分协商类别。针对不同渠道、不同层次、不同地域特点的协商事项进行归纳整理,划分成类,使协商工作的条理更加清晰。对居民自己能解决的问题,通过居民对居民协商解决;对需要社会单位解决的问题,通过居民对社会单位协商解决;对需要由社会组织解决的问题,通过居民对社会组织协商解决;对需要由物业服务企业解决的问题,通过居民对物业协商解决。

2. 广泛征集协商议题。社区协商的内容要做到有的放矢,必须畅通社情民意反映渠道,将议题形成方式由自上而下转变为自下而上,采取居民理事会、小区协商、业主协商、居民决策听证、民主评议等多种形式,利用警民恳谈会、居民议事会、社会事务听证会等平台,开展灵活多样的协商议事活动。社区协商议题突出群众需求导向，有利于提升协商内容的说服力，更有利于激发居民群众参与协商议事的自主性。

案例：小区楼道卫生住户共同维护——黄鹤楼街道读书社区

读书社区紫阳路137号系老房屋，小区居民来自四面八方，居住人员情况复杂，老居民与年轻租户之间在生活方式上有着很大的差异。老居民将杂物堆放在楼梯间阻碍居民进出，年轻租户随意乱丢垃圾，夜间噪声扰民。双方矛盾突出，纠纷不断。为了解决居民之间的矛盾纠纷，社区整合各方资源，成立了以社区党支部牵头，社区居民委员会、党员代表、居民代表为主体的协商议事会，社区通过以下方式解决居民之间的矛盾。

一是事由民议，倾听群众心声。社区工作者通过走访居民收集居民的诉求，并及时在议事协商会中讨论、决策，通过反复召开协商议事会，征集居民的意见和建议，商议讨论楼道垃圾及乱堆放问题的解决方法。二是权为民用，依照民意决策，切实规范权力使用，社区通过协商议事会选举出小区的门栋长，切实规定门栋长的责任义务，并在协商议事会上商议居民微公约，约束小区居民的行为。三是责有人担，加强多方协调，着力解决实际问题。经过协商议事会形成正式解决方案后，将任务细化分解，落实责任人，确认具体的办结时限，并安排专人负责跟踪、协调、监督办理情况，切实解决“谁来负责办，怎么办”的问题。四是依靠群众，依法协商管理，全力做好长治久安工作。通过组织小区内有责任心、热心的人员为居民服务，对小区外来租户发放小区居民微公约的宣传单来宣传各种文明居住行为。

（三）搭建多元平台，拓宽参与渠道

引导各方力量共同参与社区事务，较好地整合了社会资源，进一步激发了社会活力，逐步推进“单一行政管理”向“多方协商治理”转变。

1. 搭建议事决策平台。在充分利用居民会议、居民代表会议和居民小组会议开展社区协商议事的同时，开辟了“三社联动”联席会、四方联动联席会、业主大会、共驻共建联席会和居民议事会等新的协商渠道。积极推广开放空间讨论会、罗伯特议事规则等议事技术，以提升议事效率，切实解决居民生活难题。

2. 搭建项目执行平台。根据事项内容，实行分类处理。对属于社区职责范围的，交由社区党组织、居民委员会、业主委员会等相应社区组织办理；对超出社区职责范围的，报街道办事处相关部门研究确定责任方，由责任主体具体实施；超出街道办事处协调范围的，由街道办事处形成社情民意报相关单位解决，或由人大代表、政协委员作为意见和建议提出。

3. 搭建评议监督平台。建立由社区居民代表组成的社区民主监督平台，对社区协商成果的执行进行评议监督。坚持开放开明赢民心、聚公信，健全成果督办反馈机制，运用社区协商成果，通过会议纪要、社区公约、居务公开栏、QQ 群、微信群等渠道，面向居民群众阳光公示，及时跟踪问效、反馈实效，接受党员群众监督评议。对于协商过程中持不同意见的参与主体，要及时做好解释说明和反馈工作，避免出现结果应用与民主协商初衷相悖，保持社区民主协商善治的持久生命力。

（四）规范协商程序，保障有序协商

按照“收集议题、确定议题、公示公告、组织协商、结果运用”的五步议事流程，使社区协商议事做到协商有计划、议前有公示、议后有处理、落实有督导、结果有评定。

1. 注重分类协商的针对性。针对梳理汇总的问题和意见，组织参与主体开展分析、研判，初步拟定提交协商讨论的社区公共议题，根据议题内容的难易程度和涉及范畴，分类采取议事协商和联动协商。议事协商讨论社区三级平台内较简单的民生事项和矛盾纠纷，参与主体充分发表看法，提出解决建议，达成一致意见；联动协商讨论社区间或社区内发生的复杂事项，如物业服务的完善、惠民项目的建设等。

2. 增强多方互动的灵活性。在具体操作中，增强多方互动的灵活性，坚持通盘考虑、平衡各方的原则，采取小区协商、业主协商、民情恳谈、民主评议、居民论坛等灵活多样的形式，构建良性有序、

协商合作的双向互动关系，推动打造善治社区。社区协商的程序特别要注重议题的公示和结果的反馈，在求同存异中凸显基层民主协商崇尚合作的价值理念和目标追求。

3. 建立成果落实执行机制。针对经过社区协商讨论的公共议题，建立成果落实执行机制，明确路线图、时间表和责任人，敢于较真碰硬，以严的要求、严的标准，推动成果落实，做到协商结果办理有计划、有步骤、有记录、有实效，切实避免社区协商走过场，真正让参与主体从协商成果的运用中感受到协商的价值和意义。

案例：同协商共治理　整治脏乱环境——水果湖街张家湾社区

张家湾社区东三路8号楼是20世纪50年代初期由省行管局建设的砖混结构三层筒子楼，省行管局一直将房屋租赁给单位职工使用，后经时代的发展和变迁，住户纷纷在外购房，将房屋出租，一楼变为小吃店，二、三楼多为租住户。由于部分住户有向后巷扔废弃物和垃圾的不文明行为，致使后巷成为一个垃圾场，给本来就老化的管网设施造成了不小的疏通压力。

社区曾多次组织环卫工人和社区工作者对东三路8号后巷进行垃圾清理和管网疏通。但治标不治本，问题总是反复，特别是3月中旬的几场大雨，让本来就不堪重负的后巷老旧管网堵塞，雨水和着小吃店排出的油污、楼上住户私改管网通到后巷的污水，淤积起来形成一大片污水区，将后巷废弃物和垃圾浸泡在污水中，发酵出刺鼻的气味。居民多次到社区反映，要求社区彻底解决后巷环境卫生的脏乱问题。为彻底解决东三路8号后巷环境问题，张家湾社区决定采取民主协商的方式，召集相关利益方共同协商解决。

一是分头协商，多方联动齐发力。社区分别与省行管局、常住户、租户、商户、环卫工人等各方联系沟通，征求其对后巷环境问题的意见，并提出民主协商解决的方案，征求其意见，各方一致同意协商解决的方法，为确保会议效果，社区邀请了食药监工作人员参加。二是共同协商，集思广益寻方法。社区组织召开了以“东三路8号后巷整治”为主题的居民协商议事会，水果湖街领导及社区同人到现场进行了观摩，各方代表发表观看照片后的想法，并根据现状提出了解决问题的建议及后期的管理建议。三是共同解决，多方达成共识。社区收集、归纳、总结与会代表的意见和建议，统一思想，积极配合并支持社区工作，做好整治后的协调、督促，常住户和租户表示将尽快改造下水管道。

经过会议协商，形成解决问题的四点措施：社区负责清理清运后巷堆积的废弃物和垃圾；省行管局物管科清理、清运下水管及下水井的泛滥物及彻底疏通下水管网；住户改造没有埋进下水井的下水管道；区食药监部门督促商户限期对食品卫生环境进行整改。并在社区引导下，制定了《楼栋管理公约》《租户公约》《防火公约》《小吃经营户公约》等公约，形成契约精神共同维护社区环境卫生。

把党政群共商共治作为落实协商民主的有效载体，是加强基层社会建设，解决服务群众最后一公里难题的有力措施。通过党政群共商共治，使不同利益、职业、角色的社会人群得到新的整合，社会治理基础得到巩固和加强。

四 “公益创投”激发社区社会组织发展活力

公益创投作为一种创新型的资本投入方法，不仅能够为处于初创期的小型社区社会组织提供重要的资金来源，而且为其发展提供了重要的技术支撑和管理经验，利用投资人员和被投资人员之间建立的长久合作管理，从而实现建设能力与创新型模式的目的。公益创投不是以报酬作为最终回报，而是希望将投资获得的回报循环运用到公益事业中，是社会价值最大化、方便合作、能够提高被投资者创新能力的新型资本投入方式。

（一）增强社区社会组织自我“造血”能力

公益创投有一套完善的监督机制，同时也促使社区社会组织进行自我的提升。若是某社会组织意欲参与公益创投，就必须首先向大众公布自己的实际运营情况，只有做好了自己的运营工作，才能获得高层次的社会公信力，达到投资方的要求才可能获得公益创投资源。

再者，在对公益项目进行创投的执行阶段，执行的结果也需要参照第三方机构进行评估的结果，也就是说即便这个社会组织所申报的项目获得了公益创投支持，但是在其他机构对本项目进行投资的过程中，如果该项目出现了任何问题，投资者都有权利终止对项目的投资以及后续的一些活动。这样无形中就形成了一种压力，激励其在项目的运行过程中能够审慎地对待每一个细节，以及在组织建设能力方面予以加强。

同时，公益创投为社区社会组织的发展提供稳定的资金来源和有效资源，健全的检测和评估体系，专业的评审专家，以及专业的社工能力培训，这些都是我国社区社会组织在发展中所欠缺的。近年来，公益创投备受政府青睐，一方面是由于公益创投有助于政府的职能转变，另一方面也是社区创新治理的需要。社区社会组织在帮助政府职能转变的同时也获得了自身发展所需要的资源和有利条件。

案例：X社区“爱心新洗航”

X社区是一个典型的以老旧社区为主的街道。现居住人口中，空巢老人、独居老人、残疾人以及困难家庭占很大一部分比重，社区1000多户居民住在没有卫生间、洗漱间的狭小平房里，60岁以上老人有800多人，“洗衣难”的独居老人有26名。2014年在公益创投大赛中获得3万元的资金支持，保安社区就成立了爱心洗衣房，开展了以孤寡老人、孤儿、家中无洗衣机的空巢老人、重度残疾人、患有癌症、严重风湿病不能下冷水的人五类人群为主的爱心洗衣活动。81名志愿者共为26名困难老人洗衣1248次。为了探索“爱心洗衣房”更有效的运作模式，也为了向更大范围的困难人群提供便捷的服务，保安社区重新评估了紫阳街社区困难人群的洗衣需求。就辖区的特殊老人、残疾人及困难家庭而言，需要有便捷洗衣房，收费要比市场价格低；对社区而言，能吸纳一部分有行动能力的闲散人员，缓解社区部分人群就业问题。

由于X社区环境和居住人群的特殊性，治理中存在的问题比较多，困难也比较大。公益创投活动在技术和资金上给了“爱心新洗航”项目支持，对整个项目进行了整体的需求调查，不仅解决了社区洗衣难问题，还吸引了一大批志愿者参与，同时吸纳了社区部分闲散人员，解决了社区人群的就业问题，社区自我造血能力得到提高。

（二）推进政社互动，增强社区社会组织的话语权

从我国的大环境而言，政府在各项事务中都发挥了强有力的作用，因此在这种环境下，社会组织就更应该加强与政府之间的沟通和联系。在出资购买公共服务以及参与创投的过程中，政府也逐渐意识到在制定政策时社会组织也应该有自己的声音。近些年来，有些地方政府已经开始采用新的办法，改变了其与社会组织之间的关系，不再是互相竞争，而是相互合作。这些良好的趋势，恰好与公益创投所秉持的观念有异曲同工之妙，使得社会组织的飞跃发展有了牢固的基础。社会组织通过参与到公益创投之中，改善了其与政府之间的关系，同时也消除了一些不良的因素。提升了自己的地位，公益性组织才能更好地保障相关人员的利益，制定出更加符合情况的方案，也能监督政府解决目前一些棘手的问题。在接受政府以及整个社会的监督的基础之上，尽力地发挥出自己固有的潜力。只有通过这种方式，才能构筑一个有利于社区社会组织飞跃发展的大环境，从而促进我国公益性社会组织长远发展。

案例：X社区“民间超级救火队”

X社区属于单位型社区，有2400户居民，居住人员大都是武汉铁路局的在职（离、退休）职工及家属，人员素质整体较高。但社区专职负责民调工作的只有1人，调解力量薄弱，社区邻里矛盾常常得不到及时有效的解决，从而影响了社区和谐。同时，负责调解的工作人员，尽管有很丰富的调解居民矛盾纠纷的经验，但缺乏专业社会工作知识和能力，调解效果也不尽人意；在社区居民委员会非工作时间段内发生的邻里矛盾纠纷，也无法得到及时有效调解。通过公益创投，X社区成功组建了一批有素质、有热情、有精力、有威望，自愿为社区建设出力的“救火队员”，并选出领袖，制定了组织章程及每月“经验交流日”，现已成功化解各类矛盾纠纷30余起，调解效果很好，均无复发。

公益创投为“民间救火队”的成立提供了契机。通过公益创投，社区社会组织反映了社区的真实需求，社区发动居民自身力量，培育社会组织，协助调解家庭和邻里纠纷，帮助实现“小事不出楼道，大事不出社区”，促进邻里和谐。“民间救火队”的成立也分担了许多繁杂事务，同时推进政社互动，也使社区社会组织有了话语权和话语渠道。

（三）推动“三社联动”机制，创新社区服务供给方式

“三社联动”的形式主要是在社区、社会以及相关的工作者之间建立和完善相关的平台模式，对社区的成员提供有针对性的服务，采用市场化的运作模式，对社会组织及其工作进行市场化的操作，结合社区工作中需要的服务进行购买，形成社区、社会以及社会工作者之间的有效互动机制。

武昌区公益创投组织社会工作者培训，提升社区干部服务专业水平，引导社区干部培育社区公益服务组织，参与社区公共服务，社区干部结合社区服务工作和自身服务能力推进项目进展，有效地带动了社区、社会组织、社会工作者的互动活力。在“三社联动”机制模式中，将社区工作和志愿者服务进行有效的结合，针对性地开展社区服务以及互动服务等相关活动，实现了我省社区服务体系建设的创新与突破。

案例：帮厨“十二钗”打造和谐社区——电力新村社区社会创新治理一瞥

武昌区杨园街电力新村社区属于老旧社区，位于杨园街的最西边，北临和平大道，东到才茂街，南与和平乡接壤，地域形状大致呈正方形分布。辖区面积1平方公里，有41栋楼房，共有146个楼栋单元，总户数3518户，常住人口6186名。社区建立了居家养老服务中心，充分利用“六室一场一厨”（服务咨询室、日间休息室、多功能活动室、图书阅览室、医务室、健身康复室、室外活动场和孝心幸福食堂），2016年又新建了健康养生园为辖区居民提供服务。

1. “三社联动”彰显民主自治特色。社区在街党工委的正确领导下，以化解社会矛盾为基础，以“居民自治”为主线，进一步创新群众工作机制，全面提升社会管理的能力水平，全面推进社会管理创新工作。社区设置了7个网格，设立了7个党支部，构建了“社区党组织—网格党支部—楼栋党小组—党员”四级党组织架构，建立了党组织核心地位突出、多元善治的组织网络，形成了条块综合支撑、功能集成共振的社区网格化管理模式。

2. “三社联动”打造幸福食堂。社区网格员在走访社区居民中，发现有的职工上班几天几月不能回家，家里老人没有子女在身边照顾，老人的生活存在诸多不便。故“吃饭难”是社区老年人服务中面临的一个急需解决的问题。于是社区通过调研考察建立了幸福食堂。目前，每天有近200名老人在此享受用餐服务，幸福食堂于2014年7月2日至今已服务30000余人次。

3. 打造帮厨“十二大妈”，彰显“三社联动”活力。随着幸福食堂发展势头越来越好，前来食堂就餐的人数越来越多，食堂原有工作人员及义工人数显得愈发不足。为此，社区选派专人与社工一起，从组织成员中挑选、从骨干成员中发掘，初步成立一支以马婆婆为主要负责人的12人队伍，并通过组织章程会议、建立制度等，迅速完成组织架构搭建，以及组织成员服务规范指引，并在社区的支持下，完成组织备案工作，成为一个正式的社会组织——武昌区杨园街电力新村社区十二大妈帮厨服务队。

4. “三社联动”彰显专业服务特色。近两年，《弘扬孝道孝满电力》项目得到省社会组织公益创投项目资金扶持，《电力新村社区道能幸福食堂》项目得到区民政委项目支持。社区培育的电力新村社区“十二大妈”社会组织成员共有12人，开展五关爱活动：关爱残疾老人、关爱空巢老人、关爱孤寡老人、关爱特困老人、关爱青少年，定期为孤老和残疾人提供家政、陪孤寡老人过生日等服务，开展了“乐善助困、博爱助残”爱心活动和关爱空巢老人活动，义务奉献时间达7万余小时，她们每天早上定时、定点去到幸福食堂为食堂摘菜、洗菜、切菜，共服务3万余人次；在2015年武昌区优秀志愿服务组织评选活动中，电力新村社区十二帮厨大妈服务队荣获“武昌区优秀志愿服务组织”称号，她们不仅丰富了自身的生活，而且她们无私奉献的志愿精神影响了社区所有的居民。这种无私伟大的“爱的奉献”成为社区志愿服务一道靓丽的风景线。

“幸福食堂”以及“武昌区杨园街电力新村社区十二大妈帮厨服务队”的成立，进一步表明了电力新村社区在社区服务理念上的转变，居民对参与社区管理和社区服务的观念十分认可，也促进了居民对社区服务的新认识。社区工作者观念转变是最有效的服务变革。社会组织通过这些项目的开展，切实起到了“执行一个公益项目，激发一股组织活力，培养一批项目能人，惠及一方群众”的良好效果。进一步创新活动载体，开展个性化服务活动；进一步畅通社情民意渠道，引导群众更理性化地表达诉求；进一步深化居民自治，培养群众主人翁意识，做到邻里友爱、邻里守望、邻里互助，达到邻里和睦，最终实现大和谐、同快乐的目标。通过项目的实施，社会组织既得到了上级有关部门政策、智力、财力等方面的外力支持，也锻炼了社会组织管理人才，增强了社会组织服务内功，丰富了社会组织活动形式，使社区社会组织建设呈现出“能人引领项目，项目聚集人才”的强劲发展势头。以往的社区工作，社区“一手包办”，居民的参与及互动性低，不能理解社区工作的难度。通过公益创投转变社工的服务观念，引导居民主动参与社区服务，提升了社区工作效率，扩展了社区工作视域，增进了党群关系。“幸福食堂”的成长与成功，有效地激发了居民对社区工作参与的积极性，为社区建立多元的自助服务体系提供了参考，推进了“三社联动”。

（四）提高居民归属感和政府认同感

通过社区公益服务项目创投活动，社区居民对政府认同度及社区信任度大大提升，促进了社区的和谐。调查数据显示：92%以上的城乡社区居民认为社区工作人员的办事效率提高了；86%以上的城乡社区居民感受到社区工作人员的服务态度转变了；就全省而言，各地社区正在尽力满足多层次居民群体的需求，建立社区志愿服务队伍。调查数据显示，高达95.7%的社区居民对所在社区公共公益服务项目持满意态度。访谈中，社区居民普遍认为，社区工作者转变了社区服务思维，改变了社区服务的方式，能够让群众参与和表达需求，体现了以人为本的服务理念，各项服务项目也为社区居民参与社区日常服务提供了平台。

通过直接面向社区居民和社区组织的公益性服务平台的设置，科学引导社区干部、社区居民以及社会组织协同创新，尽可能利用社区有效资源，激发社区居民主体意识服务于居民。同时，社区公共公益服务项目充分考虑老年人、残疾人、少年儿童等特殊群体的需求，设计过程围绕社区需要和社区居民情况，也得到了居民的高度认可。

案例：社区盲人电影

武昌区某社区现有143名残疾人，其中盲人和视力低下残疾人达20人，社区从这一特殊群体需求出发，制定详细的实施计划，进行规模化的社区盲人电影活动，培育社区志愿服务组织，为盲人讲解“有声”电影，让盲人也有机会享受电影带来的视觉盛宴，弥补该群体视觉上的缺失，丰富他们的内心生活。该项目通过活动的形式给盲人带去心灵的关怀，提高他们与社会的融合度。此外，该社区还以此为契机，培育了专业的助残志愿者服务团队，通过定期的培训、亲身感受、描写试讲等方式发现并培养团队领袖。正是因为整个过程中紧密联系社区群众的需求，该项目取得了良好的反响，也增加了它实施的可持续性。

武昌区居民对所在社区公益服务项目的服务形式和质量非常满意。调查数据显示，高达93%的居民对社区工作人员的服务形式和服务水平满意。社区公益服务项目创投，改善了社区服务方式，强化了社区工作专业规范性，使基层社会管理与服务水平不断提高。不仅提高了居民办事效率，而且减少了社区工作人员与居民之间的纠纷。社区公益服务项目创投活动转变了服务理念，在整个过程中坚持以群众的价值取向为主要的依据，以群众满意的程度作为整个社区工作的主要标准。对特殊群众的基本生活给予保证，设计多层次的物质文化生活，把社区建设作为广大居民需求中非常重要的环节，不断提高他们的幸福指数。

五　“互联网+”模式构建优化社区治理路径

“社会治理是国家治理的分支范畴和子领域”①，社区作为社会治理的单元细胞，是社会治理现代化的基层服务管理平台，故通过社区治理现代化发展，推动国家治理体系和治理能力现代化发展，是实现全面深化改革总目标的有效途径。社区治理“互联网+”模式需要在运用中不断完善，同时，为了提高“互联网+”模式在社区治理运用中的效能，需从丰富需求、优化流程、整合信息、加强保障四方面着手。

（一）丰富需求，提升社区治理全面化水平

随着社会改革的推进，城市居民逐渐摆脱企业、单位的束缚。社区的居民组成具有来源多样化、身份多元化、生活方式复杂化等特征。由于居民来源于不同企业、单位，从事职业不同，身份不同，生活方式也不相同。这些对社区组织所提供的社区服务提出了更高要求，其服务需求的变动体现在：一是服务需求的内容和范围更广，包括衣食住行等生理的需要、安全保障的需要、归属感的需要、尊重的需要、通过参与社区活动获得自我实现的需要等；二是从被动接受需求向主动寻求需求发展；三是从单纯的物质需求向精神需求扩展。社区组织通过动员社区力量，利用社区资源，为社区居民提供福利性、公益性服务和便民利民服务。

首先，丰富民生类需求，社区就业需求、社区养老需求、社区教育需求、社区医疗需求、社区环境等物质层面需求，是社区治理的基本需求，模式治理过程中要首要保证基本需求的实现。其次，丰富民主类需求，主要包括利益和权利的实现需求，这些是社区治理的重要需求，模式治理过程中同时保证重要需求的实现。最后，丰富文明类

① 王浦劬：《国家治理、政府治理和社会治理的基本含义及其相互关系辨析》，《社会学评论》2014 年第 3 期。

需求，主要包括社交、认可、心理、文化等精神层面需求，这些是社区治理的高级需求，模式治理过程中要兼顾高级需求的实现。通过丰富三大类社区需求，进而提升社区治理全面化水平。

（二）优化流程，提升社区治理科学化水平

结合社区工作实际，科学界定流程运作的内容，按照流程运作的顺序，分模式运行前、模式运行中和模式运行后来提升社区治理的科学化水平。

首先，模式运行前，明确社区治理基本导向、治理主客体，做好治理宣传工作。其次，模式运行中，要确保社区治理利益表达机制、社区协作治理机制、社区风险管理机制、监督机制和协调机制切实通过“互联网+”发挥出在社区治理模式中的作用。最后，模式运行后，对社区治理绩效进行科学评估，建立强有力的激励和约束机制。同时，加大对“互联网+”参与社区治理的后续开发研究：完善系统功能，升级网络终端设备，让“互联网+”融入社区治理的方方面面，进而提升社区治理科学化水平。

（三）整合信息，提升社区治理信息化水平

按照数据处理原则、数据处理方法进行数据的分析和挖掘，广泛运用高科技技术方法，着力突出信息整合的针对性和实用性。

首先，数据处理原则恰当。对模式产生的系列数据要按照社区治理的逻辑顺序，分类分级处理，不能乱序分析。其次，数据处理方法科学。产生的系列数据要运用定性分析和定量分析结合的方法，定性可采用调查、德尔菲等方法，定量分析可采用回归、时间序列、博弈论等方法，并运用统计软件和工具如 SPSS。最后，做好数据的分析与挖掘，包括治理机制内关联分析、异常分析、演变分析，治理机制间的数据关联分析、聚类分析、分类分析等，进而提升社区治理信息化水平。

（四）加强保障，提升社区治理现代化水平

法律法规是社区治理的重要法律依据，完善其法律法规体系是充分发挥“互联网+”模式治理效能的最佳选择；制度是社区治理规范化的重要保障，建立社区治理“互联网+”模式的管理制度、法治制度是必不可少的环节；现代治理理念影响社区治理的效果，故对治理主体进行现代化的治理思想宣传和教育是充分发挥模式治理效能的有效途径：政策是引导社区治理科学有序发展的基础条件，不仅需要制定科学的社区治理政策，而且需要规范政策制定的流程与程序；资源是完成社区治理的前提条件，需要整合已有社区治理资源，提高各种资源利用效率；人力是社区治理的执行者，提高相关人力的现代化治理素质、互联网运用水平，进而提升社区治理现代化水平。社会治理现代化是国家治理现代化的重要议题，社区治理是社会治理和国家治理的重要组成部分，故社区治理“互联网 +”模式的构建，深化了社区治理现代化研究，社区治理“互联网+”模式在社区治理中的运用，加快了社区治理现代化的进程，推进了社会治理现代化发展，推动了国家治理体系和治理能力现代化发展。

第四节　社区组织整合的成效

经过多年社区建设和发展，武昌区在民政部、湖北省民政厅、武汉市人民政府及各市直部门和民政局的悉心指导与大力配合下，在发展中不断总结经验，不断进行制度创新，在发挥政府主导作用的同时激发社会组织活力，整合社区社会组织，提升居民自治能力，在社区建设方面取得了巨大的成效：全区人居环境得到极大的改善，公益性服务设施从无到有，基层社会管理趋于有序，公共服务覆盖基层，社区居民自治形式丰富多样，居民对政府的认同逐步增强。社区社会组织发展质量稳步提高，在维护社会稳定、提供公共服务和促进社会和谐发展等方面，充分发挥了自身作用，成为社区建设和治理的重要参与者。

一　提升了问题协调能力和问题处置能力

社区党支部、社区居民委员会、社区社会组织及居民四个治理主体，通过项目化的服务，利用专业社会工作方法，建立互动表达机制、多元协作机制等，相互促进、嵌入制约、协同发展，社区的问题协调能力和问题处置能力都得到明显提升。比如，武昌区南湖街中央花园15年来物业费未增，但物业成本逐年升高，导致物业人员减少，服务质量下降，因此，在社区党总支的领导下，举行了多次三方联席会议，同意提高物业费，但是将涨价部分的作为质保金，由业主委员会掌管；业主委员会拿出公共收益所得的一部分作为奖金，物业的满意率达到一定程度才可以拿到质保金，再达到一定高度可以领到奖金，目前，这项机制已进行两年，满意率都在90%以上。社区治理效益得到提升，实验区建设近三年来，武昌区政府和社区相关部门对社区工作进行准确定位，以提高居民的物质和文化生活质量为工作宗旨，积极开展丰富多彩、健康有益的文化、体育、科普、教育、娱乐等活动，增强居民的熟悉程度，加强邻里之间的和睦关系，形成良好的社会风气，推动社区安全文化的健康发展。同时完成了社区领导干部队伍和社区管理队伍建设，建立并完善了安全工作机制，制定了切实可行的操作手册和工作标准；完成了社区管理队伍的学习、调研、培训和绩效考核工作，提高了社区工作人员的工作效率和工作质量；加大公共安全卫生环境保护和社区治安的投资力度，建立健全了社会治安、人口和出租屋管理、突发事件应急反应机制，并将社区中违法违规行为及时上报相关执法部门进行处理。

二 增强了社区组织自主服务居民意识

武昌区在“三方联动”、多元化主体参与居民议事协商的基础上，积极推进社区居民参与社区治理，提升物业服务品质，改造老旧院落，探索出了物业品质提升模式和老旧社区治理模式，在社区资源有限的情况下，有效地提升了社区组织服务居民的能力。比如，花园山社区胭脂大院在专业社工的指导下，成立社区自管委员会，按照居民意见封闭院落后安排专人值守，安装监控设备保障居民安全，安排保洁人员定期进行楼道清理，划定车位解决车辆乱停乱放问题，修建文化长廊美化生活环境，这些建立在“三方联动”基础上的社区服务满足了居民的基本居住需求，表明建立在“三方联动”基础上的社区组织服务居民的能力得到有效提升。整合社区居民需求，采用参与式方式，激发了居民积极参与到自治组织中来的热情，有效地提高社区居民自我服务能力与意识，有助于建立完善的居民自治体制，增强社区自治功能，完善基层社会管理体制。

涂家岭社区根据地缘关系和居民特点，从召开居民听证会、征求居民意见入手，在充分尊重居民意愿的基础上进行了自治单元划分，根据不同院落实行分类服务管理，由居民直接“海选”产生院落自治管理小组，实行“院落自治”。院落服务内容以群众需求为主，将以人为本作为院落管理的根本，院落居民共同维护院落治安与车辆秩序，重点是共同对社区内机动车、非机动车车辆、环境卫生、治安秩序、公共设施等进行管理；共同商议院落聘请值班人员的工资待遇和收费标准，并开展中介服务、家政服务、管网疏捞、电器维修等服务。在院落党支部的领导下，自治小组动员和组织居民参与院落管理，充分发挥自治功能，院落自治为将社区建设成为管理有序、服务完善、环境优美、治安良好、生活便利、人际关系和谐的新型社区打下了良好基础。涂家岭社区将不断巩固前期工作的有益成果，并在此基础上继续探索“院落自治”有效途径，同时借鉴沿海发达地区成功范例，持续打造出更具特色、更有成效的“院落自治”模式。

三 形成了“互联网+”社区公益服务模式

网络的交互性、快捷性，使兴趣爱好相投或者意识形态一致的群体在虚拟的网络空间进行跨越时空的交流变得容易。人们通过网络的互动可以在线上和线下创造社会和商业价值。“网络型共同体”就是指人们依托网站、论坛、QQ 群、博客、微博等互联网媒介的形式，围绕某种兴趣或需求集中进行信息交流、资源分享，达到人际互动的一种非地域性的社会生活共同体。

信息技术和信息网络为社会公益服务组织和社区居民搭建社区公益服务平台，拓展社区公益服务领域。近年来，武昌区大力采用“互联网+”社区公益服务模式，不断推进社区服务向公益化、便民化和规模化方向发展。不断完善社区服务功能，推动社区服务发展，紧紧围绕社区服务项目，坚持以科学化、规范化建设为重点，以公益服务为核心，以互联网为手段，大力发展和培育特色社区公益服务内容。武昌区新兴社会组织——“楚天公益云平台”，运用互联网思维和大数据手段，依托公益网络平台，整合公共数据资源、企业公益资源、社会慈善力量，创新公益模式，提高公益效率。残疾人网络服务平台——“互帮网”通过网络为还未就业或不适合外出就业的残疾人提供网络职业，使残疾人能够在家工作，在家赚钱；同时还免费提供远程培训、网络辅导、技能陪练、心理咨询抚慰等服务，为残疾人就业创造了全新的机遇。

四 打造了“三社联动”社区组织服务平台

为培育多元治理主体，完善社区治理体系，动员社会力量参与社区治理，武昌区委、区政府着力构建以群众需求为导向，以社区为基础、以社会组织为载体、以社会工作者为支撑的“三社联动”治理模式，逐步形成了政府与社区、社会组织、社会工作者“互联、互动、互补”的大服务工作格局。政府层面定期举办公益创投大赛，引进服务项目进社区，为居民开展公益服务。社区层面搭建社区服务平台，提供服务场地，吸纳社会组织利用各自不同的资源优势为社区居民提供各类服务。社会组织层面则依托区级、街道级社会组织孵化基地，开发以社区为基础的支持性公益项目，培育社区社会组织。社工层面成立区社会工作者协会和街道社会工作分会，规范和完善社会工作者、志愿者登记和注册管理，通过强化社会工作培训，不断推进社会工作专业化、职业化、规范化建设。

首先，“三社联动”确定服务社区理念。坚持以居民需求为导向的服务模式，真正践行了“居民社区居民做主，从替民做主到让民做主”的观念转变。真正做到“社区需求让居民表达，社区问题让居民讨论，社区事务让居民治理”的操作方法及技术。其次，“三社联动”实现社区人的变化。让社会人变社团人，然后才会变社区人，这是一个参与分享快乐的过程，“三社联动”使社会人融入社会组织，进行组织化，获得归属感和认同感，形成记忆型共同体，社会人不再是零碎的、松散的个体。社会人经过组织化变成社团人，然后，社会组织参与社区服务、社区管理、社区公益及互助等，社团人在参与过程中逐渐变成社区人，这一过程增强居民社区意识和社区归属感，最终实现人的变化。最后，“三社联动”体现居民自治。确定服务居民、服务社区的理念，真正坚持把居民需求作为出发点和落脚点，体现以人为本情怀；作为一种制度时是保障居民自治的举措，作为实践则推进了社区人的形成，实现居民组织化建设。社区人通过社会组织积极参与社区治理，进行自我管理、自我服务、自我教育；践行居民自治，回归居民自治本质。通过“三社联动”，增强了社区服务功能，回应了居民需求，激发了社区活力。

五　开创了“社工+义工”社区志愿服务新形态

“社工+义工”即社工带动义工服务居民，居民参与义工支持社工。社区治理既要发挥社工的优势，又发挥义工的功能，更要影响居民加入服务行列。近年来，武昌区大力实施“社工+义工”行动，开创社区志愿服务新局面。按照《市委办公厅、市政府办公厅印发〈关于组织引导社会力量参与社区治理的实施意见〉的通知》等文件，成立社工、志愿者协会，加强制度建设，并以协会为枢纽平台，推动社工与各领域志愿组织资源共享，区域互动，常态服务。

目前武昌区拥有志愿者12.6万人，社区活跃志愿组织近450个。采用“专业社工+志愿者组织”的服务模式，在社工的引领下，活跃在武昌区各个街道、社区，开展就业培训、健康医疗、法律咨询、环境保护、家电维修等社区志愿服务，并涌现出了武昌区互帮助残中心、武昌区长江救援队、武昌区陈兰婚姻服务工作室等一批有影响力的志愿者组织，强化了志愿服务理念，丰富了社区服务主体。根据“志愿服务专业化”原则，有计划、分层次、多形式地开展“社工+义工”行动课程和技能培训，培养出了一批拥有专业知识的社工和掌握志愿技能的志愿者，提升了社区服务能力。并为志愿者量身打造了专门的保险服务，使每一位志愿者在参加活动期间享有高达20万保额的人身意外和医疗救助保险。采取“日常服务社工指导、志愿者实践；专业服务社工实践、志愿者配合；大型服务社工组织、志愿者实施；倡导服务社工推动、志愿者传播”的新模式，共开展“双工同路行”社会服务活动 840 余次，志愿服务总时长达 3 万小时之多，总受益人群高达 53 万人之余。开通“武昌益动”微信公众平台，向全社会宣传社会工作与志愿服务活动。

第五章　整合基层社会，提升协同能力

受市场改革、快速城市化、政府职能缺位与错位以及多种社会分化机制的影响，基层社会出现了严重的“碎片化”现象。作为一种社会急剧转型的特殊现象，基层社会的碎片化带来了严重的后果，蕴藏了较高的社会风险，人们越来越处于一种分化、割裂的不确定性之中，社会治理乱象丛生。① 只有清楚地意识到基层社会碎片化的严重后果，及时转变治理理念和治理方式，创新治理机制，激活现有的政府资源、市场资源和社会资源，才能够实现基层社会的整合和有效治理。构建基层整体性社会，实现基层社会的有效治理和良性运转是社会建设的第一步，改善并推动社会的发展和进步，建立强大的社会，连同强大的政府和强大的市场，助力中华民族的伟大复兴也应成为社会建设的目标。因此，社会治理主体如何理顺各自关系，摆正各自角色，发挥各自功能，积极统筹整合各类资源进行有效的社会治理是重中之重。

第一节　基层整体性社会要解决的问题

党的十八大报告指出：“社会建设要在改善民生与创新社会管理的进程中实现。”创新社会管理是关系社会建设实现的重大问题。基层社会是全社会的基础，基层是社会管理的关口，基层社会管理的好坏，决定着整个社会管理的好坏。基层社会管理的创新，关系着整个社会建设的实现。在基层社会治理中，如何应对碎片化问题显得越来

① 张宝峰：《现代城市社区治理结构研究》，中国社会出版社 2006 年版，第 177 页。

越重要。笔者主张依托整体性治理理论，以建构基层整体性社会①为目标，以整合为路径，创新基层社会治理。

基层社会治理实践所面临的困境，彰显构建基层整体性社会的必要性。总体来讲，我国基层社会治理碎片化特征已经显现，即基层社会治理存在治理结构碎片化、治理机制碎片化和基层社会力量碎片化等问题。这些问题在武昌区也有不同程度的显现，无疑是基层整体性社会要解决的问题。

一 社会治理结构碎片化

当前我国很多地方积极推行复合型、多元化的基层治理架构，但是由于这样的治理结构缺乏统一明确的治理主体，难以达成共识，缺乏整合不同利益群体诉求的机制，容易导致基层治理架构出现碎片化问题，在一定程度上加剧了矛盾与冲突。② 凯特尔认为："治理是政府与社会力量通过面对面的合作方式组成的网状管理系统。"治理的理想状态就是将政府机制的公平导向、市场机制的效率导向以及社会的公益导向结合起来，在公私分摊公共事务和公共责任的基础上，既能有效地维护公共利益，又能保障私人利益。

在我国现行行政体制下，在党建引领基础上，基层政府是公共服务和社会治理的主体。但在现实工作中，许多职能部门出于理性考量，很容易采取"趋利选择性"策略，导致在政策、信息、文化、执法等治理功能上形成"各自为政，争权夺利"的"碎片化"局面。当前我国基层社会治理结构"碎片化"暴露出的问题主要表现在四个方面：

---

① 本书所论述的基层整体性社会是指，与碎片化社会相对，是对未来基层社会发展的畅想，是不同类型的社会组织彼此依托、相辅相成，共同构筑起基层社会公共生活的完整空间，是政府部门、社区和社会组织三个治理主体间合作过程中，满足公民公共服务需求，基层自治能力得以提升和基层民主得以发扬的理想型社会生活共同体状态。这里的基层整体性社会主要包含社会组织、社工、社会企业等社会性资源和社会力量。

② 李强：《当代中国社会分层流动》，中国经济出版社 1993 年版，第 45 页。

（一）基层党组织功能“弱化”

一些基层党组织软弱涣散，组织动员力和控制力下降，基层治理的政治核心和引导作用发挥得不够，以至于个别地方家族、宗教势力有所抬头；新经济组织和新社会组织的党建工作创新跟进不够，存在薄弱环节；个别基层党员干部宗旨观念不强，能力素质跟不上，缺乏责任感、事业心，甚至违纪违法、侵害群众权益。近几年，全国各地在区域化党建、党建联建、两新组织党建方面涌现出许多特色和亮点，但很多都缺乏整体设计和系统考虑，属于单项“党建品牌”，或倾向于群众工作方面，或倾向于党建工作方面，只侧重于解决单一方面的问题。当前，武昌区社区党建工作还存在一些不容忽视的问题，比如，新建小区党组织体制不顺，特别是在城乡接合部区域，党组织的建立比较混乱，出现了双重管理、多重管理的问题；有的基层党组织对于党建引领作用认识不到位，没有问题意识，就党建说党建，缺乏规划，缺乏宏观思考；有的党组织被动应付，工作不努力，抱怨牢骚多，思路办法少，不能适应社区治理形势的要求，影响了社区治理工作的整体效益。

（二）基层政府职能“模糊”

职能界定的不清导致政府治理边界不明，各公共主体之间责任“模糊化”，难以形成合力，这样就容易导致基层政府职责功能的碎片化，呈现出“只重分工而缺乏整合”的模糊状态。[①] 目前，一些基层政府功能转变不到位，定位不清，包揽过多，条块分割，资源分散，行政效能不高；不少地方习惯将群众自治组织作为政府的附属和延伸，村（居）民委员会存在行政化倾向，陷入繁杂的行政事务，自治能力和资源不足；一些基本公共服务与群众需求脱节、错位，出现供需失衡。据江苏省对部分乡镇（街道）党委书记和干部群众抽样调查，认为当前社会治理存在的主要问题中，“基层政府职能过滥、包揽过多，很多社会管理事务做不了也做不好”的占 31.5%，“基层

① 曾凡军、谭周琴：《整体性治理视域下的城市社区管理研究——以南宁市 Y 社区为个案》，《湖北社会科学》2013 年第 4 期。

社会组织建设落后、社会管理缺乏应有的社会载体”的占26.7%。其次，部分基层干部能力素质较低。笔者在武昌区调研发现该区有些部门领导干部缺乏统筹谋划、驾驭复杂局面的能力，有的对新形势下社会治理的方法手段学习运用不够，缺乏化解矛盾、解决难题的本领。

（三）社会组织参与“缺位”

党的十八届三中全会强调：“要正确处理政府和社会的关系，加快实施政社分开，推进社会组织明确权责、依法自治、发挥作用。”长期以来，社会组织在满足城乡社区群众基本公共服务、畅通群众利益表达渠道、有效化解社会矛盾、解决群众实际困难、维护社会稳定等方面发挥了非常重要的作用，是连接党委政府与群众的中介和桥梁。与西方发达国家相比，我国社会组织发展是滞后的，远远不能满足城乡居民多元化、个性化的服务需求。当前，我国社会组织的独立性不强、专业性不高、权威性较弱，尤其是为弱势群体服务的社会组织少，难以满足人民群众日益增长的公共服务需求。[①] 长期以来，由于基层社会组织缺乏相对稳定的资金来源、强有力的政策支持和专业化的系统指导，加上社会组织的从业人员大多以兼职为主，流动性较大，难以有效地发挥他们在城乡基层社会治理中的参与和协同作用。社会组织是参与社会建设和治理的重要主体之一，但我国社会组织无论在基层建设还是在宏观社会场域，基本上都处于“缺位”的状态。在基层表现为“缺场”，即社会组织在社会治理中的缺席；在宏观社会中则比较复杂，在社会建设的整体推进中，并没有为社会组织留有空间与位置，社会治理处于“结构性缺位”状态。[②] 武昌区社会组织的独立性不强、普遍缺乏稳定的资金和技术支撑，参与社会治理动力不足，难以发挥满足人民群众个性化服务需求的优势。

---

① 王诗宗、宋程成：《独立抑或自主：中国社会组织特征问题重思》，《中国社会科学》2013年第5期。

② 徐永祥、侯利文：《基层建设与社会治理：当前中国社会建设的两个命题》，《河北学刊》2015年第4期。

（四）基层自治“虚无”

群众的自治意识和能力有待增强，城乡民众参与社会治理有限。广大群众对政府依赖性较大，独立性不强，社会参与的非理性问题较为突出，网上参与的失范和失序问题比较严重。一些地方在基层选举中程序不规范，拉票贿选等现象时有发生，存在基层民主“虚化”现象；一些地方落实执行民主决策机制不到位，随意变通，流于形式甚至“暗箱”操作。人民群众日益被动化，社会缺少发展活力。要解决好城乡基层治理工作中的这些问题，关键要创新社会治理理念思路、体制机制、方法举措，推动由社会管理向社会治理转变。基层治理结构及其主体的“碎片化”使多元主体合作治理效率低下，相互扯皮，同时造成责任模糊和问责困境，在“问责”中究竟应该具体承担什么责任，无法明确，从而导致责任流失，不利于基层社会的稳定。① 在调研中，一名社区工作者告诉笔者，一年中，他们的工作重点是完成政府交办的任务，维护基层社会稳定，这些工作占据了他们大量的时间和精力，根本没有心思去引导居民自治。

二　社会治理机制碎片化

机制表现为构成机体的各要素完备无缺，并且各个要素可以自主联动、协同。社会治理机制表现为社会治理要素完善，各个要素能够联动、协同起来。当前我国基层社会治理机制存在着碎片化的问题，主要表现为治理理念落后、治理方式单一、治理的技术和方法缺失。

（一）治理理念落后

一些地方重经济建设轻党的建设、社会建设，一手硬一手软的问题仍不同程度存在；重管理轻服务，重形式轻实效，重当前轻长远等倾向依然存在；从自上而下、行政管控的“管理思想”到多元主体合作、平等协商的“治理理念”的转变还不到位，依法治理、以民为主的理念仍未真正树立。武昌区某些政府部门的职能定位不清，角

① 夏志强、付亚男：《公共服务多元主体合作供给模式的缺陷与治理》，《上海行政学院学报》2013 年第 4 期。

色功能冲突等越位、缺位和交叉问题仍比较突出，基层治理仍以管控为主，很多举措表现为“防群众、怕群众”，而不是“爱群众、为群众”；很多创新治理的做法还是摆花架子，对百姓来说“中看不中用”，群众最关心的热点问题和最直接、最现实的难点问题尚未得到及时解决，“官本位”思想仍占据主导地位，“父母官”“为民做主”的惯性思维仍在发挥作用，依法治理、以民为主的治理理念仍未牢固树立。

（二）治理方式单一

目前一些地方的社会治理手段仍然以单一的行政控制为主，缺乏社会各主体的多元参与。① 由于制度上有缺失，治理的多元主体、权责划分、资源保障、奖惩机制、监督检查等制度设计和具体安排很不完善，导致基层政府不知道“什么该管什么不该管”，很多领域和问题“不知道该谁管、怎么管”，错位、缺位、越位现象严重。行政控制手段运用依然过多，以引导、疏导、协商、协调、教育、服务等方式进行社会治理的投入相对薄弱。② 武昌区某些社区仍习惯于用传统方法和主观经验开展工作，奉行重结果不重过程的实用主义，难以在新形势下进行有效的社会动员，陷入老方法不管用、新方法不会用、硬方法不敢用、软方法不好用的困境。

（三）治理的专业技术和方法缺失

传统社会管理是以党委和政府为主体的单中心治理，使得社会管理过分依赖行政方法，在社会管理方面过多使用行政政令、指示和规定等行政手段，③ 行政主导特征明显，而忽视了社会管理的经济、法律方法的运用，大大降低了社会管理的效率和效益。但是社会治理是个复杂的系统工程，必须引入专业的技术和方法。笔者在调研中发现武昌区由于基层社会管理主体缺乏先进的治理理念，不太注重采用专业的技术和方法去解决基层社会治理难题。

---

① 王玉珍：《多维变动下社会治理模式的创新》，《南京社会科学》2006 年第 5 期。

② 林尚立：《社区民主与治理》，社会科学文献出版社 2004 年版，第 75 页。

③ 陈伟东：《社会治理的基础在于增强社区自组织能力》，《中国民政》2015 年第 3 期。

三　基层社会力量碎片化

社会力量表现为一系列的社会资源和社会技术的复合体，是基层社会的重要组成部分。基层社会力量的碎片化问题是构建基层整体性社会所要解决的第三个问题。基层社会力量碎片化主要表现为：基层社会治理资源分散；基层社会治理主体的协同度低和社区治理主体的参与意愿不强。

（一）基层社会治理资源分散

首先，基层社会治理资源单一。目前基层治理几乎都是基层政府及其派出机构在实施，基层社会的治理资源也仅限于此，治理资源十分单一，比如，武昌区的社区建设在很大程度上都要依靠政府每年投入的惠民资金，资金来源渠道只限于政府财政投入。其次，基层社会资源集中程度低。由于缺乏一个协调性组织整合基层社会资源，各个资源主体也缺乏联动机制，造成资源集中程度低，治理效果差，其结果往往是政府买单，居民不买账。最后，资源连接机制欠缺，社区居民委员会没有对社区资源进行分流，不清楚哪些是居民可以提供的资源，哪些是社区社会组织可以提供的资源，哪些是社会可以提供的资源，更没有调动社会资源参与社区治理。由于所有制的壁垒和“次级隶属”的封锁，造成了基层社会治理资源分散，使本可以在流动中互补、互助、互借的优势，在各守其财的封闭中被各自的劣势自我吞噬。

（二）基层治理主体之间的协同程度不强

首先是治理主体间信息共享和沟通不畅。基层社会的治理主体除了基层政府外，还有派出机构、社会组织和专业社工机构，但是目前这些治理主体之间的信息共享和信息沟通程度不够，“信息孤岛”随处可见。其次是尚未建立社区事务（问题）分流机制。社区服务和治理是一个系统工程，必然面临着各种各样的问题，社区居民委员会面对这些问题往往大包大揽，不知道对这些问题进行分流，进而引导相关主体解决。有些事务是居民自己或居民互助可以解决的，有些问题是社区社会组织可以解决的，有些问题是专业社工机构可以解决的，有些是社区居民委员会可以解决的。社区居民委员会应该建立事务分流机制，居民能自行解决的事务让居民解决，居民不能解决的事务但社区社会组织可以解决的尝试让社区社会组织解决，二者都无法解决的事务才是社区居民委员会要解决的事务，这样一来，不仅可以组织居民，增强其行动能力，还可以减轻自身工作负担。治理主体间信息共享和沟通不畅及其“信息孤岛”的现象是武昌区基层社会治理面临的一大问题，增强社会治理主体的协同能力，建立基层社会治理事务分流机制势在必行。

（三）社区治理主体的参与意愿不强

社区治理主体参与意愿不强，表现为三个方面：首先，居民参与民主决策、民主管理的意愿不高；社区协商渠道不畅、平台搭建不完善，导致社区居民对社区公共事务持“事不关己”的态度。[①] 即使社区居民代表大会、社区协商议事会组织建构完善，但在市场经济条件下，很多居民利益与社区利益的关联度低，很多居民不愿意做居民代表，更不愿意出席居民大会等民主决策过程，对社区事务抱着无所谓的态度。其次，缺乏专业化的社会工作者带动社区居民积极主动地参与社区活动，一定程度上影响了治理创新在基层的落实，一方面机构社工主动带领社区居民参与社区活动的意愿不强，另一方面社区社工面对繁重的社区事务没有时间和精力去组织或带领社区居民参加社区活动。正如调研中，一位社区工作者所言：“2016 年武汉 CX 社工机构入驻我们社区，为老人提供服务，但是该机构只派一名社工到我们社区工作，而这名社工服务 3 个社区，所以每周只能来 1—2 次，组织完活动就离开了；而我本人要负责社区养老、最低生活保障和流动人口管理三项工作，每天要处理大量的台账资料和接待办事的居民，实在没有时间组织居民活动。”最后，社区社会组织发育和生长自主性明显不足，无法适应社区利益主体多元化、公共产品需求多元化的要求。武昌区已经形成的社区社会组织持续发展能力差：组织内部职

---

① 许和隆：《冲突域互动转型社会政治发展中的制度与文化》，中山大学出版社 2007 年版，第 167—173 页。

责功能不清，发展思路混乱，活动内容单一，服务群体有限，社团领袖能力有待提高；同时这些组织连接外部资源意识不强，承接政府购买服务能力弱，因而参与社区治理的意愿不强。

武昌区以整体性治理理论为指导，以建构基层整体性社会为目标，经过多方调研和论证，找出自身与整体性社会的差距：基层社会治理结构碎片化；基层社会治理机制碎片化；基层社会力量碎片化。应树立问题意识，明确努力方向，为确定基层整体性社会的整合内容和整合方式奠定基础。

第二节　基层整体性社会整合的内容

2014 年 1 月，武昌区被民政部确立为第二批“国家社区治理和服务创新实验区”，探索新时期社区治理和服务创新工作的模式和方法。在实验初期，武昌区民政事务委员会经过调研和论证认为本地区在统筹基层整体性社会方面有些薄弱。为了解决基层社会碎片化的问题，武昌区展开了一系列整合基层社会要素的工作，包括整合基层社会需求、整合基层社会组织、整合社会工作人才、建构基层社会机制等方面。笔者认为武昌区开展的整合基层社会的治理实践是一个系统工程，它以整合社会需求为出发点，以社会工作人才、社会组织和社会企业为主要行动力量，以社会资源为依托，以增强社会治理主体的协同能力为目标，以建构社会机制为价值取向。

一　整合社会需求

需求表示的是个人或家庭在社会、经济、健康等方面存在的欲求，它是生命活动的表现。马斯洛按照需求层次把人的需求分为生理、安全、社交、尊重和自我实现五个方面，马克思认为需求包括生存需求、社会需求和精神需求，并认为需求与行为密切相关。就基层治理来说社会需求包含居民需求、社区需求和政府需求等，了解社会需求是把握社会行为和实现社会治理的前提。开展需求调查，避免公共产品和公共服务供给的盲目性。比如，政府在购买服务之前有必要召集部分拟受益群体代表开展服务需求调查，通过调查拟受益群体的服务期待和服务担心，了解居民最需要、最迫切的需求，根据调查的结果确定购买哪些服务，确保所供给的服务是“雪中送炭”而非“锦上添花”。

针对基层社会治理机制碎片化中的治理理念落后问题，武昌区进行了积极探索，不断更新治理理念。坚持以需求为导向，统筹解决基层社会建设中最迫切的需求，全面整合基层社会需求是武昌区谋划、探索、创新基层社会治理工作的出发点和落脚点。2014 年，武昌区被民政部确立为第二批“国家社区治理和服务创新实验区”，实验初期，武昌区经过论证认为本地区在统筹基层社会力量方面有所薄弱，唯有明确基层社会治理主体的需求，才能准确把握当时社区治理和服务的难题。

（一）开展社会治理主体需求调查，收集问题

武昌区民政事务委员会充分利用区、街道办事处、社区居民委员会的行政资源，采用传统的发放问卷和召开开放空间会议①及卡片调查法等多种方式，开展基层社会治理主体需求调查工作，收集各个治理主体存在的问题。经过汇总梳理，居民参与意愿低，社工专业性不够，社区社会组织发展后劲不足、持续性差等是武昌区基层社会治理面临的基本问题。

1. 居民参与意愿低。总体来说社区居民较少参与社区事务，居民参与民主决策、民主管理的意愿不高。具体来说，一是缺乏参与平台：社区内各类社会组织数量较少，居民缺乏开展活动的组织平台；二是缺乏参与群体：社区举办的活动吸引的群体有限，参与者多为社区内老年群体，青年群体等参与率低下，社会归属感不强；三是缺乏参与渠道：社区协商渠道不畅、平台搭建不完善，导致社区居民对社区公共事务持“事不关己”态度。

2. 社工的专业性不够。基层社会治理无法离开专业社工的介入，

① 陈伟东、张继军：《开放空间会议+：一套社会治理的体制机制》，《华中师范大学学报》（人文社会科学版）2016 年第 4 期。

专业社工有其在基层社会工作中独特的专业理念和技术。作为与居民群众密切接触的社会工作人员，由于学历结构、年龄、工作经验等原因，造成自身的专业性不够，带动居民积极主动地参与基层社会治理的能力不足，一定程度上影响了治理创新在基层的落实。

3. 社会组织发展后劲不足。社会组织作为一个十分重要的社会治理主体，将其纳入到创新基层社会治理中来是必要的，社会组织在促进居民参与社区事务、居民自主解决社区问题等方面具有巨大优势，但目前社区社会组织的发育和生长自主性明显不足，已成立的社会组织发展后劲不足，发展机制不科学，无法适应社区利益主体多元化、公共产品需求多元化的要求。

（二）建立需求分流机制

居民、社会组织和社工的需求看似不同，实际上三者的需求具有高度的统一性，从某种方面说社工的不专业和社区社会组织发展后劲不足是造成居民参与意愿低的因素，社区社会组织发展后劲不足带来居民参与不足，同时社工的专业性不够也使得社区参与“领头羊”的缺位。为有效回应上述问题，提供针对性的服务，武昌区建立社会需求分流机制，厘清各类需求的供给主体。通过社区“两委”成员的专业化建设，把居民组织起来，提升居民参与率；武昌区民政事务委员会大力开展社工能力提升培训班，提升社工的专业性；武昌区社会组织孵化基地大力培育社会组织并加强社会组织团队建设和领袖能力建设，增强社会组织发展后劲，推动社会组织持续发展。

二　整合社会工作者

社会工作者（social worker）（以下简称社工）①，是遵循助人自助的价值理念，运用个案、小组、社区、行政等专业方法，以帮助机构和他人发挥自身潜能，协调社会关系，解决和预防社会问题，以促进社会公正为职业的专业工作者。社工是基层社会治理的重要力量，通

① 本章把社工看作一种社会力量，意在论述发挥机构社工和社区社工各自的优势，助力基层社会治理，这与第四章的整合社工组织有所区别。

常情况下我们把社工分为机构社工和社区社工，前者是任职于社会工作机构（亦称社会工作服务中心）具备专业社会工作理论和实务知识的专业人才，后者是通过能力训练和资格考试而具备社会工作资质的社区工作者。同样社工介入基层社会治理也有两种方式：嵌入式和内生式。“嵌入式”是指政府向专业社会组织购买服务，引导机构社工嵌入社区，为居民提供个性化、专业化、多样化的服务。“内生式”是指政府通过公益创意能力训练、公益创投等方式，加强社区“两委”成员的专业化建设，内生社区社工，把服务居民与组织结合起来，内生社区社团，内生社区活力。

推进社区治理专业化，离不开专业社工人才的支撑。专业社工是社区治理专业化的前提和动力。社工在社区治理中扮演着重要角色，社区与社工的合作是一种提供公共服务的有效实践形式。针对基层社会治理机制碎片化中的公共服务供给方式单一问题，武昌区创新社区公共服务方式，通过专业社工的专业优势提供优质公共服务，激发了社区专业服务新动力。

（一）大力引进专业社工，提供专业服务

专业社工具有贴近基层民众、直接服务百姓、连接政府与社会的巨大优势。从某种意义上说，专业社工的发达程度是衡量地区社会事业发展和社会治理水平的重要标志。近年来，武昌区大力引进专业社工，积极开展社区服务。一是政府相关部门和街道直接购买社工岗位。实验区建设过程中，武昌区民政委、残联、街道等引进了近 150 名专业社工开展服务，他们在各社区的养老服务、残障康复、青少年教育、社区矫正、城市融入、婚姻家庭、社区治理等方面发挥重要作用。二是政府购买社工机构服务项目。目前武昌区向博雅楚馨、爱熙、乐仁乐助等十余家专业社工机构购买了公共服务。如博雅社工机构在粮道街实施的“协同善治”项目，包含社区营造、社区共治和社工能力提升三个方面，为粮道街的社区发展起了很大的带动作用。

（二）大力培育社区社工，提升社区治理水平

近年来，武昌区按照“内部孵化、内在变化、内涵发展”的原则，充分发挥区位优势，借力高校，建立“实习、实务、实训”基

地，构建区、街两级培训体系，分门别类开展各类教育培训，不断提升社区工作者的社会工作能力。

武昌区根据社工素质和全区社会治理的现实需要，实施四个不同层次的培育工程。一是加强基础性培训。首先为社区工作者普及社会工作理论知识和专业技能，促进社区工作者向专业社会工作者转型，当前累计受众达 800 余人；其次定期安排社区工作者轮岗交流、实践锻炼和教育培训；最后社区主职每年至少参加 1 次区级或区级以上组织的集中培训，累计培训时间不少于 7 天，其他社区工作者每年至少参加 1 次培训。二是加强专业化培训。一方面探索建立社区工作者职业资格认证制度，鼓励社区工作者参加全国社会工作师职业水平考试，每年组织开展初、中级社会工作师考前辅导培训，鼓励社区工作者持证上岗，截至 2015 年，全区社区工作者中有持证社工 456 人，其中中级 107 人，初级 349 人，稳居全市首位，目前社区持证人员以每年 20%的幅度持续增长。三是定期开展社区工作者实务能力培训，邀请华中师范大学城市社区建设研究中心教授团队等全国各地专家进行专项培养，社区持证社会工作者每年接受实务能力培训的时间累计不少于 40 学时。累计受益的社区工作者达 6000 余人，他们正在优化武昌区的社区治理的理念和方法。四是加强精英化培训。按照因材施教、学用结合的原则，引进江苏乐仁乐助社会创新机构，充分依托该组织经验丰富的专家团队，以三年为周期，从全区选拔 200 名骨干人才，采取分期分批、竞争淘汰的模式进行系统化训练，打造了一支有效承接社区治理创新工作的社会工作精英人才队伍，引领武昌区社区治理朝着高水平、专业化的方向前进。

（三）优化社工发展环境

为建设和发展武昌区社会工作人才队伍，在实验区建设过程中武昌区通过优化社工薪酬体系，不断强化社工激励机制，做到优秀社工人才有待遇、有荣誉、有发展。一是优化社工薪酬体系。制定出台《武昌区社会工作人才专业职位设置及薪酬待遇方案》《武昌区社区社会工作专业人才岗位补贴管理办法》，保障专业社会工作人才待遇，同时对持有初级、中级社工证、按照要求在社区开展社会工作服务的社区工作者以初级 100 元/月、中级 200 元/月的标准给予岗位补贴，鼓励社区工作者考取社工资格证。二是打通晋升渠道。全区每年拿出 5—8 个公务员和事业编制，面向社工招考；同时在选聘社区人才时，优先录用、选聘持有社工证的社区干部，充分发挥社区持证社工在社区工作中的专业作用，目前全区社区持证的主副职干部有 116 人。三是加强评先评优。每年组织开展黄鹤英才（社会工作）、名师工作室、“十佳社工”“十佳社工案例和项目”等评选活动，涌现出了一大批优秀的社会工作人才和专业服务项目；同时组织社工多次参加省、市各类社会工作大赛及人才评优，获得了十余个奖项。

三　整合社会组织

相比于以利润最大化为逻辑运行的市场主体，社会组织具有非营利属性，其外部资源汲取更多依靠外部投入，尤其是要借助慈善捐赠、基金会资助、企业承担社会责任以及政府专项公共服务购买资金的支持。以美国社会建设为例，经过上百年努力，如今的美国社会已经形成了规模庞大、合作紧密的社会组织网络体系，它们如细密交织的经纬线一般，将美国公民、社区组织、企业组织和各级政府部门等治理行动主体整合起来，为公民提供参与志愿活动的机会，为社区发展带来技术、资金和政策，为企业组织创造履行社会责任的机会，为各级政府部门提供源源不断的信息资源和专业类服务产品订单……在国内，基层社会治理水平较高的北京、上海等地，开始认识到社会组织在完善基层社会治理秩序方面的重要意义，率先建立了社会组织公益园，将技术支持类、专业实操类①社会组织纳入引进对象范围，优化了社会组织结构，提升其参与社会治理的积极性。同时社会组织是承接政府购买服务的主要力量，在完善政府公共服务等方面发挥重要作用。针对基层社会治理结构碎片化中的社会组织缺位问题，近年来，武昌区政府不断创新公共服务的供给方式，大力发展和培育社会

① 学界依据组织功能把社会组织分为三类，分别是筹资类社会组织、技术支持类社会组织、专业实操类社会组织。

组织，支持社会组织根据自身优势提供优质公共服务，通过与社会组织的合作，积极引导社会组织参与社区治理和“三社联动”，增强了社区活力，提升了社区治理效益。

（一）优化社会组织发展环境，增强社会活力

为充分发挥社会组织在推进社会治理能力和治理体系现代化建设中的作用，武昌区近年来不断优化社会组织发展环境，主要表现为以下五点：一是组建社会组织管理局。加强对辖区内社会组织的管理和服务，主要负责辖区内社会团体和民办非企业单位的登记、注册与年检等工作，强化对社会组织的服务与管理。二是出台社会组织相关文件。出台《加强社会组织建设与管理的实施意见》，简化登记管理程序，降低社会组织注册资金门槛，放宽登记限制条件。三是投入资金，扶持社会组织发展。2014 年、2015 年、2016 年分别投入 100 万元，举办公益创投大赛，支持社会组织发展。推进政府购买服务，在街道举办“社区微公益”大赛，推动购买公益服务项目 200 余个。四是加强对社会组织的宣传与激励。开展十佳社会组织评选，对贡献突出的社会组织给予表彰奖励，激励社会组织进行社会创新试验；建立社会组织等级评估制度，定期对全区 4A 以上的社会组织进行表彰宣传。五是搭建资源连接平台。连接高校资源，武昌区与武汉市内八所高校签订了共建合作协议，引进 20 家成熟发展的高校社团，开展了千余人次的志愿服务活动。连接媒体资源，与 30 多家媒体维系合作关系，为社会组织提供从中央级媒体到地方媒体的多层次、多循环报道。连接社区资源，举办多次社会组织进社区活动，将成熟组织引向社区，促进街道、社区利用社区惠民资金向社会组织购买服务的进程。连接企业资源，发起社会组织企业开放日，邀请企业参访，促进社会组织与企业的互相了解，促成社会组织与武汉多家知名企业建立了合作关系。

（二）培育社会组织，丰富社区服务主体

借鉴国内发达地区经验，武昌区制定社会组织发展规划，在优化社会组织发展环境的同时，大力孵化适合于本区的社会事务类社会组织、公益慈善类社会组织、社会服务类社会组织、文化体育类社会

组织。

一是完善社会组织培育体系。按照培育1000个社区社会组织、300—500个志愿者组织、20个专业服务组织的要求，政府通过购买服务的方式，组建社会组织孵化基地，完善社会组织内部治理结构，健全组织章程，规范监督机制，强化社会组织在社会治理、社会服务、社会自治中承接公共服务、开展公益服务、发展自我服务的功能，增强社会组织的自治功能，增强社会组织参与社区事务治理的功能，增强社会组织维护社会稳定的功能，全面提升社会组织服务能力。二是建设社会组织培育平台。出台《关于加强和创新社会组织建设与管理的实施意见》，大力培育发展社会组织，全区登记注册各类社会组织1416个。投入500万元，建成华中地区首家区级社会组织孵化基地，由国内知名的社会工作专业机构江苏乐仁乐助参与管理，50余家特色鲜明、群众欢迎的公益组织入驻，免费提供办公场地、办公设备、注册协助等基础支持。

表5-1　武昌区社会组织培育情况一览（2013—2015年）

年度	内容	责任部门
2013	（1）筹建社会组织孵化基地	组织部、民政局
	（2）建设社会工作实务创新基地	民政局、水果湖街
	（3）对750家社区社会组织进行调研	民政局、各街道
2014	（1）孵化177个社会事务类社会组织	民政局、各街道
	（2）孵化177个公益慈善类社会组织	民政局、各街道
	（3）孵化177个社会服务类社会组织	民政局、各街道
	（4）孵化300个文化体育类社会组织	文体旅游广电局、各街道
2015	（1）孵化50个社会事务类社会组织	民政局、各街道
	（2）孵化50个关爱帮扶业社会组织	民政局、各街道
	（3）孵化50个社会服务类社会组织	民政局、各街道
	（4）孵化50个文化体育生活类社会组织	文体旅游广电局、各街道

由表5-1可知，武昌区细化社会组织培育目标，明确社会组织培育责任单位，经过三年努力，已培育社会组织1000余个。这些社会组织在社工的引领下，活跃在武昌区各个街道、社区，开展就业培

训、健康医疗、法律咨询、环境保护、家电维修等社区志愿服务，并涌现出了武昌区互帮助残中心、武昌区长江救援队、武昌区陈兰婚姻服务工作室等一批有影响力的社会组织。

（三）联合公益社会组织群体，拓展社区公益服务范围

信息技术和信息网络为社会公益服务组织和社区居民搭建社区公益服务平台，拓展社区公益服务领域。近年来，武昌区大力采用“互联网+社区公益”服务模式，不断推进社区服务向公益化、便民化和规模化方向发展。不断完善社区服务功能，推动社区服务发展，紧紧围绕社区服务项目，坚持以科学化、规范化建设为重点，以公益服务为核心，以互联网为手段，大力发展和培育特色社区公益服务内容。

四　整合社会资源和社会力量

建构整体性社会是一个复杂系统的工程，需要输入大量的社会资源和社会力量等要素。整体性治理理论指导下构建的整体性社会，能够破解碎片化社会的局限性，具有强大的整合能力。一方面整体性社会可以整合各类社会资源、技术等要素丰富自身，并搭建资源平台；另一方面整体性社会能够整合各种社会力量，推动协同治理。同时整合社会资源和社会力量有效解决基层整体性社会所要解决的治理资源分散和治理力量碎片化问题。

（一）政府搭建资源平台，打造完整的社会资源体系

基层社会建设和治理是一个系统的工程，需要各方资源的输入，依靠政府及其派出机构的资源治理社会的传统治理方式，造成了社会资源的碎片化和社会资源的低效率。社会资源碎片化主要表现在三个方面。一是社会资源主体互动缺乏，协同效率低。辖区企事业单位缺乏参与热情，社区居民委员会与辖区企事业单位沟通合作缺乏，两者之间共驻共建机制未能形成。社会组织之间缺乏协同，未能形成服务合力。二是社会资源薄弱。单一的社会资源自身力量薄弱，输入积极性低和发展后劲不足，普遍存在缺乏稳定的资金来源、良好的资源结构等问题，难以有效输入社会治理体系中以及满足居民的现实需求。三是缺乏各种社会资源主体的联动机制。缺乏各种社会资源主体参与

社会治理的联动机制，使得一些社区资源投入分散、重叠甚至有遗漏。社会资源的碎片化和社会资源的低效率导致社会治理水平低，难以满足社会需求。基层整体性社会建设一方面需要整合政府及其派出机构的资源，以增强社会治理的基础；另一方面社会建设和治理是一个复杂且技术性强的工程，需要一些社会资源的输入，他们将有利于基层社会的自主运行，同时提高社会治理主体对社会需求的“回应性”程度。

材料：

武昌区投入1000万元，建成华中地区首家区级社会组织孵化基地，随后又在辖区街道办事处建立街道社会组织孵化园，区街两个层级的社区组织孵化格局已经形成。一方面，孵化基地协助武昌区民政事务委员会举办公益创投大赛，如2014年武昌区投入资金100万元，率先在全省举办区级公益创投大赛，面向本土社会组织公开征集公益项目，从155个参赛项目中评选出30个为老服务项目和10个最受老人欢迎的公益创投项目。2015年武昌区继续投入100万元，举办高校志愿服务进社区公益创投大赛。试水街道开展公益创投大赛，推动购买社区公益服务项目100余个。另一方面，这些孵化基地通过连接社会力量打造“政社、社企、校社、社社、社媒”五大平台。其中，校社平台以高校志愿者联盟为抓手，引进20家成熟发展的高校社团，共计3600余名志愿者提供千余人次的志愿服务活动；社媒平台以微公益记者团和媒体伙伴日为抓手，共与30多家媒体维系合作关系，为入驻社会组织提供从中央级媒体到地方媒体的多层次、多循环报道70余次，营造人人可公益、人人可报道的公益宣传氛围，推送组织活动信息100余篇；社社平台成功举办多次社会组织进社区活动，将孵化基地中的成熟组织引向社区，促进街道、社区向社会组织购买服务的进程，已在全区60余个社区提供服务；政社平台为搭建组织与政府信息的平台，接待民政部、中残联、省政府、省民政厅等各级政府领导来访参观60余批次，举办政府社会治理创新、扩大政府购买社会组织服务座谈会30余场，文件发布意见征集会议4次，外区单位参访借鉴学习 80 余场；社企平台借助企业开放日，连接孵化基地所在知音大厦的入驻企业，并对接多方主体带来的资源，与融侨集团、大地保险、盛世汇海、创客永续等企业建立合作关系。

如何引入社会资源参与社会治理是政府面临的一个难题，更是政府不得不解决的一个问题。武昌区依托区级社会组织孵化中心和街道社会组织服务中心，通过公益创投和政府购买服务及社会资源的连接机制，同时打造政社、社企、校社、社社、社媒等社会资源主体参与社会建设和社会治理平台，将各种社会资源整合起来，助力基层社会治理和服务。

（二）创新社会资源使用机制，增量社会服务效益

组织行为理论认为组织的发展和功能的发挥离不开与外界环境的资源交换，组织赖以发展的关键资源影响着组织的可持续发展。然而资源的使用机制关乎如何发挥资源效益，如何实现资源优化配置等一系列关键问题。如前所述整体性社会也具有整合资源的功能，它能够将政府、社会企业、社会组织、公民等各方行动主体整合起来，为社会发展带来资源，拓宽社会建设的资源平台。武昌区在此基础上一方面大力整合社会资源，另一方面创新各类社会资源使用机制，最大限度地实现资源优化配置，让更多的居民群众受益。例如武昌区采取“政府补助+准市场化运营”的方式引入社会企业参与社区养老。

材料：

武昌区杨园街电力新村社区有 1360 位老人，老人占社区居民的比例超过 20%，其中多数是独居老人。对于这些独自居住的高龄老人来说，面临最大的问题除了吃药，就是吃饭了。做饭麻烦，又吃不了多少，这些独居老人的吃饭问题一直困扰着社区居民委员会的工作人员，直到道能幸福食堂建在电力新村，他们才松了口气。道能幸福食堂的创办试图解决独居老人们吃饭难的烦恼。道能幸福食堂创办于 2014 年，是武汉道能义工服务中心推出的敬老项目，该食堂先后入驻武汉市硚口区、黄陂区和武昌区的 10 个社区。幸福食堂的专业义工和志愿者每天会准备好适合老年人食用的味美价廉的三餐，具体分

两种定价：一种是一日三餐提供标准化配餐，总共10元；另一种是刷卡消费，每餐20多个品种，菜品任意挑选，按重量收费，65岁以上老人充值300元送200元，相当于打了6折。由于物美价廉，受到社区老人热捧，目前，道能幸福食堂在武汉已成立了5家。电力新村社区的幸福食堂采用的是刷卡消费，已有800多位老人办了就餐卡。电力新村的居民丁爹爹中午打了和婆婆两个人吃的菜，而绿豆汤、稀饭和米饭不要钱。“我们一日三餐都在食堂吃，一个月大概花500元左右可以吃得蛮好。”电力新村社区居民委员会主任漆春秀介绍，该社区的道能幸福食堂服务了1500多名老人，受益家庭人数超过1万，解决了很多老人的吃饭和饮食不方便问题。同时幸福食堂不仅仅是座食堂，还是让老人幸福的综合平台，让老人们受到身心关怀的开心乐园。

目前，人口老龄化已成为困扰城市发展的一大问题，如何提高独居老人幸福感也成为各级政府思考的问题。这个由武汉道能义工服务中心开办的公益食堂，不但为老人解决就餐难问题，还为老人提供交流的平台，创新出社区敬老养老的“武汉样本”。武昌区通过整合社会资源，引入社会企业参与社区养老，并创新社会资源使用机制，采取“政府补助+准市场化运营”的方式，不仅减轻了政府压力，丰富了养老资源，还创新了养老模式。

五 增强社会治理主体的协同力

社会建设的根本目标，是让社会运转起来。如同建设社会主义市场经济，政府需要着力于发现、确认、培育市场机制一样，开展社会建设，政府也需要着力于发现、确认、培育社会机制，发挥社会机制在社会自主治理、社会民生建设和社会管理等重要领域的基础作用。由此，正确认识和处理政府与社会的关系问题，发挥政府与社会的各自作用，特别是构建社会协同的体制机制，是实现社会建设目标的根本途径。同时增强社会治理主体的协同力，有效地回应了基层整体性社会面临的治理协同程度低的问题。

（一）促进社会治理主体间的相互信任

社会治理体制创新的一个重要目的是寻找一种符合社会发展方向的治理模式。协同式社会治理模式代表了社会发展的趋势。但是，这种协同式的社会治理模式主要依赖于各个社会治理协同主体间信任关系的存在。社会信任是最重要的社会资本之一。但是，由于我国处于社会转型期，旧有的社会规则体系弱化甚至瓦解了，而一系列新的规则体系尚未完全建立，这使我国社会的信任资本极度缺失，各个社会主体之间相互不信任。因此，加强社会诚信，积累社会信任资本是实现社会治理协同的重要步骤。然而社会信任资本并不会自动形成，需要相关主体的努力。

材料：

退伍军人刚女士基于自身经历和社区实际需求成立了一家民办非企业——南湖街宜家宜便民服务中心，专门为社区提供服务。该机构主要为社区提供两项服务，一是“亲情小棉袄”服务热线，二是便民秀场——微小服务进社区，有6—10项服务，包括理发、修鞋、织补、义诊、修伞、配钥匙等。2015年政府开始购买该机构的服务项目。“亲情小棉袄”服务热线属于助老服务类，即每天和独居老人们打电话：早上工作人员主动打电话慰问独居老人，看老人是否有需求并与社区对接，下午打电话回访，看是否有其他的需求并进行跟进，目前服务对象有70多个。2015年“亲情小棉袄”热线工作人员给祥和社区的郭爹爹打电话时，感觉情况不太对劲，就派人去他家查看，没想到老人心脏病复发睡在冷冰冰的地上，于是联系了急救中心和老人子女，老人得到及时救助，现已康复。便民秀场——微小服务进社区每月15号和月底在社区提供服务，目前已进入南湖街道办事处辖域内的9个社区，累计受益群体达6000人。

武昌区通过政府购买服务的方式，大力引入社会组织参与社会治理，南湖宜家宜便民服务中心只是其中的一个，该机构通过连接各方资源，为居民开展服务。亲情热线和便民秀场这两个项目不仅满足了社区居民的现实需求，还弥补了政府公共服务的不足，在服务中加强了与居民的交流，在交流中产生互信，增强了居民、社会组织、政府之间的信任度，无形中积累了社会资本，为基层整体性社会的协同功能奠定基础。

（二）推动社会治理主体的联动

有效及时的信息联动是任何系统能够高效运转，任何组织能够高效运行的重要条件，信息在组织和系统内的流动就像血液在人体中流动一样必不可少，它保障着系统各个组成部分的协调和沟通。社会治理协同中的信息联动是指在社会治理主体间互信的基础上，为使社会治理系统各组成部分更好地实现协同所采取的一种交流或沟通的方式。它会使系统的整体功能大于各个部分之和。从一定意义上说，没有信息联动就没有协同，也就难以实现社会治理的目标。社会治理主体间的相互信任只有通过有效的信息联动才能为各个社会治理主体了解和接受，才能对社会治理协同产生促进作用。

材料：

武昌区建立“社工+志愿者”联动服务机制。积极引导共青团“西部计划”、武昌区吴天祥小组志愿者小组等品牌志愿服务的优秀志愿者提升转化为社会工作专业人才。积极培育发展志愿者组织，加强志愿者登记、管理、培训、激励、表彰等制度建设，社区注册志愿者达到常住人口总数的10%以上。统筹整合志愿服务资源，做好志愿服务项目设计和推广，更好地实现社会发展需要、社区居民需求与志愿服务供给的有效对接，使志愿服务在价值引领、道德示范、公益服务、关爱帮助、互助合作等方面积极发挥作用。将志愿者纳入社会工作教育培训对象；鼓励志愿者通过学习、培训、考证等方式进入社会工作岗位。建立联动信息平台，实现社工、志愿者服务信息的实时共享。构建“社工引领志愿者、志愿者协助社工”的互动服务格局，全面提升社工和志愿服务的常态化、社会化和专业化水平。

建立信息沟通渠道，实现相关主体的联动是社会协同的关键，武昌区经过探索，建立了“社工+志愿者”的联动服务机制，形成了社工与志愿者互动服务的格局，实现了社会治理中专业人才和公益力量两个主体的联动，推动了基层社会治理创新，并为其他治理主体联动机制的建立积累了经验。

（三）建立社会治理主体功能的整合和社会事务的分类治理机制

这种协同是建立在社会治理协同主体相互信任、社会治理协同主体有效沟通的基础上，通过联系、交叉、渗透等各种有效方式，对各社会治理协同主体的功能进行协调、配置、权衡、选择的全部过程。社会治理协同主体功能整合的目标是最大化地发挥各个社会治理协同主体的功能优势，使整个社会治理系统内部实现优势互补、强强联合；其作用是突破当前限制社会治理系统效能提高的障碍。社会治理协同主体功能的整合对于整个社会治理系统而言就是如何有利于社会治理系统目标的实现，在社会公共事务管理过程中如何发挥各个社会治理协同主体的功能优势，使协同主体之间充分配合来完成共同的社会治理目标。

材料：

武昌区建立社会治理事务分流机制。一方面，准确定位社区居民委员会职能职责，坚持依法依规、规范准入原则，建立居民区工作事项准入机制，明确居民委员会依法履职和协助行政事项清单。清单之外事项凡需居民委员会协助的，由区民生工作领导小组下达，政府职能部门不得直接给居民委员会安排工作任务。另一方面，推进区直部门职能整合，统筹涉及街道、社区工作的政策和措施，解决多头管理、交叉管理问题。街道对区域范围内的社会治理工作负总责，公共服务类事务由街道负责整合安排，责任主体明确的执法管理问题由街道负责监督。按照权责一致原则，推动综合执法队伍力量下沉。赋予街道党工委对区职能部门派出机构负责人的人事考核权。取消职能部门直接考核街道的做法，由区委、区政府统筹各部门对街道的考核工作。

笔者认为事务分流的过程也是对各社会治理协同主体的功能进行协调、配置、权衡、选择的全部过程。武昌区通过建立事务分流机制，从制度层面上规定了区职能部门、街道办事处和社区居民委员会的职责范围，各个治理主体明确自己该做什么，不该做什么，从而更加明确自身的功能。社会治理事务分流机制加上各个治理主体的信任机制和联动机制，使得基层整体性社会的协同功能得到极大的发挥。

六　建构社会机制

社会机制是指能确保社会各方面维持正常运转所需要的一整套固定的组织、程序和关系。社会机制因素从经济、政治和精神三个方面规定了社会结构的基本形式，决定了一个社会的基本性质。简单来说，有三种机制伴随人类社会的发展，一是以责任承包为基础的行政机制，该机制遵循自上而下的指令，指引政府系统的运行；二是以等价交换为基础的市场机制，该机制遵循效率优先的原则，指引市场主体的运行；三是以民主协商为基础的社会机制，该机制遵循责任和参与的原则，指引社会的运行。新中国成立后，我国行政体制改革和行政机制的完善，使我国建立了强大的政府，改革开放后，市场经济体制的建立和市场机制的完善，使我国拥有了强大的市场，但是社会发育不足成为制约我国进一步发展的瓶颈，因而我国完善社会机制，努力建构强大的社会。另外建构社会机制是为了有效解决基层整体性社会治理机制碎片化的问题。

（一）法治机制

依法治理是社会治理的核心要求，武昌区在开展社区治理和服务创新实验工作期间，不断推进社会治理法治化，最大限度实现社会良好治理。为进一步创新社会治理机制，武昌区从以下几点夯实全区建设法治保障：第一，进一步完善社会领域的法律法规，进一步夯实社会治理的制度支撑。第二，以严格执法为保障，进一步凸显政府在社会治理的主导责任。打造责任政府、服务政府和法治政府，深入推进依法行政，坚持依法决策、依法履责、严格执法、依法化解纠纷，稳步推进法治政府建设。第三，以公正司法为依据，坚持司法为民，司法便民，司法公开，进一步筑牢社会公平正义的最后一道防线。第四，以全民守法为基础，进一步巩固社会治理的法治基石，积极开展法制宣传教育活动，创造良好的法治环境。

（二）协商机制

民主协商是基层社会有效运转的保障，武昌区在开展社区治理和创新实验工作的同时，大力倡导并推进基层民主协商机制的建设，最大限度实现基层社会的良性运转。为进一步创新社会治理机制，武昌区通过以下几点建构基层社会的协商机制：第一，完善协商主体。打破先前党委、政府作为协商主体的格局，引入企业、社会组织、辖区单位、居民等协商主体，形成多元共商格局。第二，完善协商平台。依托居民协商议事会平台，降低协商门槛，鼓励居民创新协商方式，近年来议事堂、议事亭、议事长廊等居民喜闻乐见的协商平台不断涌现，并发挥着越来越重要的作用。第三，完善协商流程。武昌区大力推行“四民”工作法（见图 5-1），坚持民事民提、民事民议、民事民决、民事民评的协商流程，赋予居民“提”“议”“决”“评”的权利，并做到了问需于民、问计于民、问行于民、问效于民。

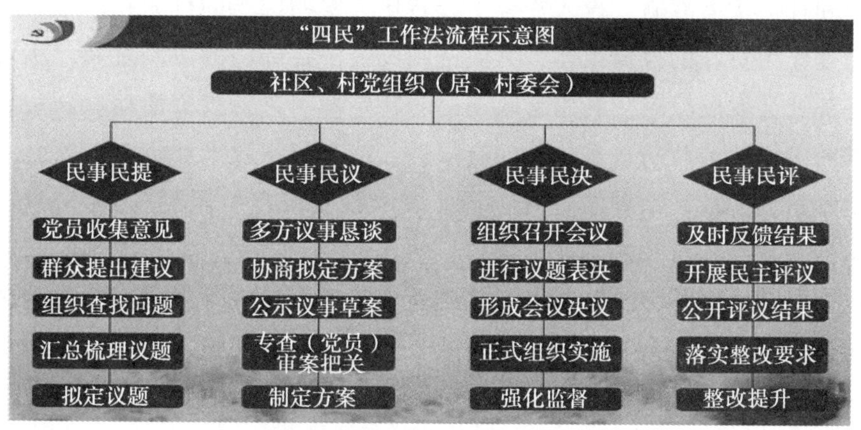

图 5-1　“四民”工作法流程

武昌区借助国家社区治理和服务创新实验区的平台，大力开展基层社会整合工作，破解碎片化社会带来的基层治理和服务创新的壁垒。通过整合社会需求，整合社会组织，整合社工人才，整合社会资源，增强社会治理主体的协同力，建构社会机制等措施，破解了基层社会治理结构碎片化、治理机制碎片化和基层社会力量碎片化等问题，并形成以需求为导向，以社会组织为载体，以社工人才为引领，以社会资源和社会力量为保障，以社会机制为纽带的基层整体性社会格局。

第三节 基层整体性社会整合方式

武昌区注重连接各种社会主体和社会资源，搭建政府、社会组织、企事业单位、高校、媒体以及居民的合作平台，创新基层社会整合方式，通过政府投资撬动社会资源，通过政校合作整合高校资源，通过“三社联动”整合社会资源，打造整体性社会，提高社会力量的协同能力。

一 通过政府投资撬动社会资源

政府投资是指政府为了实现其职能，满足社会公共需要，实现经济和社会发展战略，投入资金用以转化为实物资产的行为和过程。政府是作为特殊的投资主体，为促进国民经济各部门的协调发展，实现经济社会发展战略，利用财政支出对特定部门进行投资活动。公共需求的多样性和政府自身能力的有限性，使政府将政策和资金向社会力量倾斜成为社区治理的有效选择。政府投资要严格限制在公共领域，包括公益性项目和基础设施项目，并允许企业集团、实力较强的私营企业对有盈利能力的公益性和基础性项目进行投资。武昌区在实验区建设过程中，贯彻有限政府的理念，通过政府投资撬动社会资源，实现了公共服务供给的社会化，提升了公共服务供给的效率。

（一）搭建社会组织发展平台

利用区级孵化基地培育孵化社会组织，利用街道社会组织服务中心引入社会组织。武昌区通过建立华中地区首个区级社会组织孵化基地，为社会组织的培育和孵化提供办公场所、资源连接、技术等各方面的支持。同时，街道层面通过社会组织服务中心引入一些合适的专业型社会组织，为居民提供服务。

自 2014 年开始，武昌区政府大力支持社会组织发展，通过政府购买社会组织服务的方式，加强与社会组织的合作，优化社区治理格局。武昌区每年举办公益创投大赛，通过“公益创投”以及微公益等形式，挖掘社会组织，并且向部分能力强、服务好的社会组织购买服务，这部分资金不仅支撑社会组织的运转，也在一定程度上支持了社会组织的发展，使其将服务扎根在社区，有效提升了社区服务的专业化水平。据统计，武昌区 2013 年购买项目数量 795 个，2014 年购买项目 1094 个，2015 年购买项目数量高达 1225 个。

（二）社会组织连接社会资源提供差异化公共服务

在公共服务供给上，武昌区通过购买社会组织的服务，把社会组织的人力、财力、物力资源合理利用起来，为居民提供差异化公共服务。比如，对公办养老机构采用公建民营、政府购买民营养老机构床位和服务等方式，引入社会公益组织和社工机构，参与养老机构的运营管理，引入社会资源，提供专业和有针对性的养老服务。如东亭社区的养老机构盛世天颐，首先连接政府资源，通过政府购买服务进入东亭社区，其次连接企业资源，与中粮集团联系好获得企业的粮油公益优惠，最后连接社区志愿者，无偿参与到居家养老的公益服务中来。

材料：

“生命阳光”社会组织创始人王辉是一名急诊科医生，由于目睹一位病人因为儿子不懂急救知识在送来医院的路上就去世，因此想要成立一个公益急救培训组织。2007 年发起成立了“生命阳光公益救援中心”。2014 年入驻孵化园，在武昌区民政局注册成立社会组织。在“生命阳光”运行中，资金是很大的问题，其中运行的经费 50% 来自政府购买服务，其中包括该组织每年各类公益创投申请获得的约 20 万资金，而场地和宣传方面也是由武昌区社会组织孵化基地提供，为其在资金、场地、宣传各个方面做好保驾护航工作。“生命阳光”建立以来无数次的事例证明了社会组织对于人们日常生活的重要性和提供的巨大帮助，一名 50 多岁的志愿者在参加急救培训后，在家发生大面积烫伤，因为及时自救，所以没有造成严重后果，治疗恢复后烫伤的地方疤痕都没有；“生命阳光”讲师去湖南芙蓉镇景区进行公益急救培训，在景区时有游客突发疾病，被几名讲师急救后恢复意识，既保证了游客的生命安全，又体现了急救知识对于人们的重要性，随后湖南芙蓉镇景区设立了“生命阳光”分站基地；一名志愿者在一场专场培训中了解了中风的判断方法后，回去给自己丈夫尝试，发现她丈夫有中风前奏，赶紧借来轮椅带她丈夫去医院检查，医生确诊为前期中风，因为治疗较早，结果一星期之后就出院了，如果不是及时判断是中风前奏，后果将无法预料。

生命阳光、绿房子、互帮网、道能幸福食堂等专业社会组织在工作中体现出其专业性的一面，在法律、医疗、养老、幼儿教育等方面有着本土性草根社会组织不可比拟的优势，为其营造良好的发展氛围，是政府转变职能的重要举措。

（三）向社会企业购买服务，提升服务品质

武昌区政府大力支持社会企业的发展，一些社会企业进驻社区，提供专业服务，满足了不同人群的生活需要，值得一提的包括互帮网、楚天公益平台、盛世天颐和道能幸福食堂等社会企业，这些企业在家政服务、残疾人服务和老年服务等社会服务事项上，一定程度上提高了社区治理效益。这不仅倡导了企业投身社会事业，履行企业社会责任的风潮，同时实现了社区治理的社会化。

互帮网助力残疾人找工作。互帮网创始人袁永海下身残疾，曾经创业过，也做过汽车产品销售，（关节有磨损后）又到一家网络公司上班，认为网络推销很适合残疾人工作。为了解决残疾人就业问题，开发了互帮网网站，想帮更多的残疾人走出困境，减轻家庭负担，使其融入社会。互帮网项目成效明显，注册会员 3 万多人，5800 多人实名认证注册，其中农村和山区居民居多，城市居民较少。互帮网已经为 6000 多残疾人提供了工作岗位，总收入达到 155 多万，其中最多的个人总收入有达 5500 多元的（上海残疾女孩冷冰凝）。影响扩散至全国，尤其是西北地区，为残疾人提供了自食其力、融入社会的机会。

道能幸福食堂为老人解决吃饭问题。道能幸福食堂于 2014 年正式成立，运行 2 年之后，在武汉有 10 个点，几乎分布在各个区。道能幸福食堂曾发现社区里许多老人在雨天的马路上步履蹒跚，手里拿两个馒头做午饭，出于孝道和想为老人做好事的情怀，于是开始做食堂，为老人做饭让更多的老年人受益。在资金方面，政府每年给予其6万元作为基础发展资金，也包括企业家贡献的支持资金，同时还通过社会组织孵化基地连接社会企业提供支持。项目成效显著，其一，对于服务群体来说，服务了1500多名老人，解决了很多老人的吃饭问题。其二，对于社会治理来说，减轻了社会压力，帮助政府解决了政府解决不了的问题。

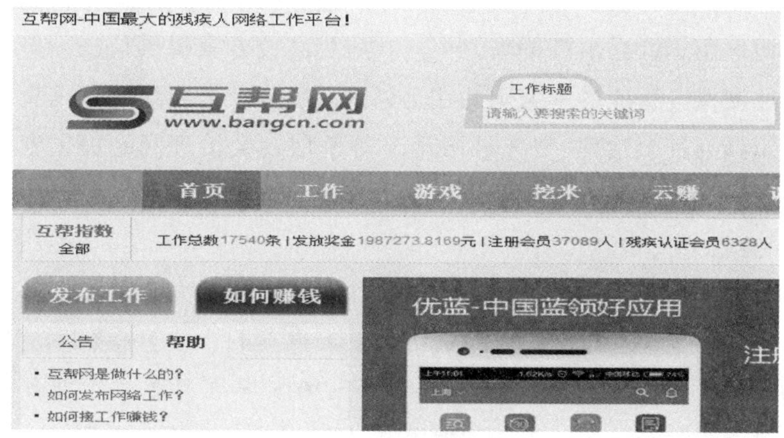

图 5-2 互帮网首页

图 5-3 武昌区杨园街电力新村社区道能幸福食堂

二 通过政校合作整合高校资源

为更好地加强社会治理的理论创新和实践探索，构建具有特色、富有创新的武昌区社会治理体系，武昌区政府积极搭建政校合作平台，各街道居民委员会分别与武汉大学、华中科技大学、华中师范大学、武汉理工大学等八所在汉的“985、211”高校分别签订校区街合作共建协议。

（一）通过政校合作整合高校智力资源

通过共建协议搭建高校专家智库。通过社会组织的运作将高校智力资源运用于社会治理创新之中。政府为高校专家提供信息、经费等方面的支持，智库的专家则站在全国的高度为社会组织孵化培育、社会组织参与社会治理、“三社联动”等基层社会治理问题提供专业咨询、培训和研究等方面的智力和技术支持。

材料：

华中师范大学与武昌区民政委展开合作促进双方共同发展

华中师范大学与武昌区民政委本着互惠互利、诚信合作、共同发展的原则，在自愿平等基础上，双方于 2015 年 3 月签订了为期三年的战略合作框架协议，互为战略合作伙伴关系，并长期保持。主要内容是华中师范大学为武昌区民政委提供社会服务政策制定及社会组织人才培训专家团队支持，以华中师范大学社会学院与城市社区建设研究中心专家力量为主，建成武昌区高校培训基地；为社会组织能力建设、社会项目研究设计、项目督导与评估提供智力支持；设计校区联动方案，组织动员大学生志愿者，合作建成校区志愿者服务的长效机制；推荐高校社会工作专业人才，鼓励高校学生社团开展社会公益项目。同时，武昌区民政委为华中师范大学社会学院和城市社区建设研究中心师生开展政策研究、实务调查、实习挂职等提供实训平台，实现学以致用；提供实施社会项目连接所需资源，提供资金援助、政策优惠、综合协调等支持性服务，提高项目运作效率；为大学生志愿者工作提供人身保险，连接社会工作机构为华中师范大学提供志愿服务培训、志愿者管理与激励服务，与该校合作保障大学生志愿者服务科学有效开展；提供社会公益项目创业扶持、就业实习岗位推荐，在公益创投、政府购买服务、社会组织孵化基地入驻筛选中将该校列入重要合作对象。

（二）通过政校合作整合高校人力资源

建立大学生公益人才、高校志愿者与社会组织的合作平台，高校相关专业的学生能够在基层社区中运用专业知识，策划出“社会组织伙伴日、公益体验日、区校联络日”等社区活动，推动社区工作人才的职业化和社区社会服务的专业化。

表 5-2　武昌区高校建立专业社工机构情况（限课题组观察）

序号	组织名称	成立时间	依托院校	规模	业务范围
1	武汉楚馨社会工作服务中心	2011/8	江汉大学	30—50 人	老年人、儿童、流浪人员、妇女、残疾人等群体
2	博雅社会工作服务中心	2012/7	华中师范大学	55—80 人	培养大量社工人才、承接政府公益项目、提供实习基地
3	武汉爱熙社会工作服务中心	2013/9	武汉理工大学	30—50 人	专注于社工个案服务
4	华科乐达社会工作服务中心	2015/11	华中科技大学	20—50 人	专业项目服务、社会组织孵化、项目开发、培训、评估

表 5-2 中的专业社工机构依托高校资源，整合社工资源，为武昌区社会治理和服务创新输送一批又一批的人力资源。武汉楚馨社会工作服务中心依托江汉大学和中国社会工作实务研究院的智力资源，打造了一批由致力于社会工作事业，具备博士、硕士学位的专业教师，科研人员和职业社会工作师组成的专业服务队伍。全体社工秉承“赋权增能、助人自助”的专业理念，致力于为老年人、儿童、流浪人员、妇女、残疾人以及其他社区居民提供个性化、专业化服务。目前的服务范围涵盖民政、妇联、残联、社区、养老和婚姻辅导等领域，截至 2014 年 6 月，该中心先后在武汉市完成 24 个服务站点建设，策划实施专业服务项目 56 个。

三 利用“三社联动”整合社会资源

武昌区充分利用区级社会组织孵化基地和街道社会组织服务中心，构建以群众需求为导向，以社区为基础、以社会组织为载体、以社会工作者为支撑的“三社联动”社会资源整合模式。

（一）利用“三社联动”整合社工资源

武昌区以居民需求为导向，引入专业机构社工进入社区，依靠他们的专业背景为居民提供专业化、多元性、有针对性的服务，如引入博雅社工提供社区矫正、心理干预等专业性服务；引入生命阳光公益救助中心开展公益救援、应急救护培训等专业性、多元化的服务。以居民需求为导向，整合社工机构的资源为居民提供多样服务供给，成为武昌区一种新的社会治理模式、社会服务供给模式、社会工作动员机制。

（二）利用“三社联动”，推进社区减负增效

武昌区注重发挥机构社工的专业性和社区居民委员会的丰富经验，机构社工连同社区居民委员会工作人员通过入户走访调查、召开征求意见座谈会、发放调查问卷等多种途径，广泛了解居民对社区建设、社区服务、社区管理等工作的真实想法，形成自下而上的议题形成机制。同时武昌区政府出台了《武昌区社区协商议事规则》，规范了诉求表达、意见征询、议题形成、协商议事、评估评议等工作环节。居民形成了有事协商解决的思路，居民委员会不再大包大揽、替居民做主，社区居民委员会的居务负担大大减轻。如中南路街以为民便民利民为工作原则，积极破解老旧小区物业自治管理的难题，探索出了一条老旧小区物业自治管理、有偿服务、持续发展的新路子：在社区“两委”的带领下，采取居民代表大会、邻里见面会、物业恳谈会等形式，引导小区居民依靠自身力量参与解决物业管理中的问题；在加强物业自治管理的过程中，对自治管理、为民服务、财务收支、门卫值守、停车管理等方面制定了详细的工作标准和工作规范。针对物业收费问题，还开辟了收费渠道，公布服务标准、公开收支情况，促进小区管理持续有力、有章可依、运行规范。

（三）利用“三社联动”激发社会组织活力

长期以来，由于基层社会组织缺乏相对稳定的资金来源、强有力的政策支持和专业化的系统指导，加上社会组织的从业人员大多以兼职为主，流动性较大，难以有效地发挥他们在城乡基层社会治理中的参与和协同作用。武昌区利用三社联动的平台大力解决基层社会组织缺位问题，引入资金、建立孵化平台，激发社会组织发展活力。首先，武昌区政府 2014 年、2015 年、2016 年分别投入 100 万元，举办公益创投大赛，支持社会组织发展。如在首届公益创投大赛“为老服务”专场，武昌区政府提供 100 万元资金用于比赛获奖的 30 个社会组织的培育和发展；在第二届公益创投大赛中，融侨集团资助 100 万元用于 81 个获奖项目的后续培育和发展。其次，着力于区级、街道级社会组织孵化基地，主要围绕“组织培育、社会参与、资源连接、治理创新”四大目标，通过连接社会资源打造“政社、社企、校社、社社、社媒”五大平台来实现五大核心功能——“孵化组织、能力提升、开发项目、引领辐射、展示交流”。武昌区社会组织孵化基地成立至今，共入驻 47 家社会组织，基地为社会组织提供办公场所、资源连接等，也为社会组织的发展提供专业的技术指导和建议，促进了专业社会组织落地和本土性、草根性社会组织的成长。

（四）利用“三社联动”调动社会资源

武昌区针对目前居民委员会行政化倾向严重的问题，成立街道行政事务服务中心，把居民委员会解放出来专门提供公共服务。其中一个重要的抓手就是“三社联动”。社工力量较小，资源调动能力有限，但是社工可以和社区联动，发挥社区居民委员会的资源整合和调动能力，社工也可以和社会组织联系，将不同类型的社会组织整合到社区中来。如南湖街中央花园社区的“便民秀场”项目以社区居民日常生活需求为基础，联合社会资源，为居民提供助餐、助洁、助行、助急、助医、维修、快递、代购等服务，重点是根据社区居民，特别是老年人的需求，为他们提供服务。

材料：南湖街中央花园社区的“便民秀场”项目

2016年5月15日，南湖街中央花园社区“便民秀场”公益活动正式开始，现场100余人参加了活动。本次便民活动是博雅社工联合中央花园社区居民委员会、胭脂大院自管委员会共同开展的，博雅社工组织策划连接志愿者、社区提供平台、胭脂大院自管会组织宣传，三者有机结合，充分弘扬了“奉献、友爱、互助、进步”的志愿精神，营造社区和谐氛围，满足社区居民需求，方便社区居民生活，打造温馨、祥和的宜居社区。活动共连接了五组志愿服务，分别是环保酵素、义诊、理发、配钥匙、修伞，惠及居民生活的方方面面，为居民生活提供了便利，得到了居民的好评。社工告诉居民以后这样的活动每个月都有一期，居民拍手叫好，纷纷表示社区真的是在解决居民的实际需求，给社区点赞。

武昌区借助三社联动的纽带，发挥社工、社区居民委员会、社区社会组织各自的优势整合社会资源，不仅满足了居民的基本需求，使得居民之间、居民与社区居民委员会之间、居民与社工之间等多方主体关系日益融洽，还弥补了政府公共服务的不足，另外社工、社区、社会组织联合承担居民自治项目对创新“三社联动”机制也是一个有益的探索。

构建基层整体性社会是一个复杂的系统工程，不会一蹴而就，武昌区发挥政府构建基层整体性社会的主动性，利用政府投资撬动社会资源助力基层社会治理，同时充分利用辖区内丰富的高校资源，采取政校合作战略，为基层社会治理提供智力支持和人才保障。另外武昌区大力利用“三社联动”的纽带，发挥社区、社工和社工组织的各自优势，整合社会资源，实现了社会资源有效利用和社会治理有效推进的双重目的。

第四节 基层社会整合的成效

随着国家治理体系和治理能力现代化战略的实施，基层社会治理体系和治理能力现代化也成为基层社会治理的价值取向。社区多元共治局面逐渐形成，从某种意义上讲，中国社区发展在很大程度上取决于国家能否适应“社区共治”局面，能否将各种社会力量纳入体制框架，有效实施包括政府在内的相关参与者之间的合作机制。武昌区通过建构基层整体性社会，破解社会治理的碎片化难题，取得了一系列成效。

一　激发了基层社会的活力

为培育多元治理主体，完善社区治理体系，激发基层社会活力，动员社会力量参与到社区治理中来，武昌区委、区政府着力构建以群众需求为导向，以社区为基础、以社会组织为载体、以社会工作者为支撑的“三社联动”治理模式，逐步形成了政府与社区、社会组织、社会工作者“互联、互动、互补”的大服务工作格局，已经将政府以及政府以外其他的社会力量纳入整个社会治理体系之中。

武昌区积极倡导社会多元共治，在社区层面加大力度，构架社区层面的服务平台，提供服务场地，吸纳社区各类资源，结合群众最关注的民生问题和最迫切需要解决的管理难题，尊重基层群众的首创精神，坚持有事多协商、遇事多协商、做事多协商，极大地提升了居民参与社区事务管理的积极性，多元参与、民主协商的社区治理机制已初步建立。

（一）调动多元主体议事积极性，营造广泛参与的共治氛围

社区协商主体广泛参与是增强社区协商议事活力的不竭源泉。武昌区在社区建设过程中，积极建立以社区党组织为核心，以居民委员会为基础，以社区居民为主体，其他各类社会组织为补充的多元协商主体格局。一是从加强顶层设计入手，推动社区协商规范化建设。出台了《武昌区社区协商议事规则》，规范了诉求表达、意见征询、议题形成、协商议事、评估评议等工作环节，有效提升了社区协商议事效率，确保议事质量。二是探索社区管理交叉任职，实现优势互补。积极推进三方联动“双向进入、交叉任职”，推荐社区骨干和在职党员业主通过选举进入业主委员会，推荐社区“两委”成员兼任物业服务质量总监，推荐业主委员会、物业中的党员担任社区党组织成员，挑选优秀的业主委员会主任、物业项目经理兼职社区居民委员会

副主任，有效打通居民委员会、业主委员会和物业服务公司间的沟通桥梁。三是鼓励开展灵活多样的协商活动，扶持社区协商发展。结合“社区治理十大创新项目”和“一居一品”特色社区评选活动，优先推选积极创新协商形式、搭建多层次协商平台、构建全方位协商格局的社区。

（二）拓宽协商渠道、丰富协商内容

明确和丰富社区协商内容，是完善基层群众自治和促进基层民主的关键。武昌区根据全区经济社会发展实际，合理确定武昌区社区协商内容，主要包括：社区基础设施、公共服务、物业服务、公益事业、居民活动、社团活动、邻里纠纷、集体经济开发、涉社区政策落实等问题。通过以下几种方式不断丰富社区协商和居民参与自治的形式。一是加强网格化服务，了解居民诉求。通过社区网格员入户走访调查、召开征求意见座谈会、发放调查问卷等多种途径，广泛了解居民对社区建设、社区服务、社区管理等工作的真实想法，形成自下而上的议题形成机制。二是运用开放空间技术，引导广泛参与。采取邀请参与和自愿报名的形式，组织居民群众对其切身利益问题和感兴趣的议题进行协商。聚焦共同话题，形成共同价值，有效地提高各方参与社区协商的热情和积极性。三是借助互联网平台，拓展协商渠道。建立社区微信公众平台、QQ 群、微信群等“互联网+”信息平台，及时发布社区工作动态信息，畅通和拓宽广大群众的利益诉求表达渠道，积极探索网络协商，打通“最后一公里”。

（三）在协商实践中达成互动共识

社会治理不是按照某一方预先设计好的步骤解决问题，而是在相互讨论和协商以至妥协中寻找解决问题的方法。全区内各个社区通过遵守协商达成的共识，在组织网络之间搭建协调差异的中间结构，相互理解，促进了社会的良性互动和社区的和谐发展。一是形成协商成果的采纳、落实和反馈机制，确保协商取得实效。按照分类、分层、分级的原则，明确实施主体，由多方共同实施协商成果。需要社区落实的事项由社区各组织及时实施；超出社区职责范围的居民意见和建议，由街道反馈给相关职能部门，寻求解决方案；协商结果违反法律法规的，由有关部门依法处理。二是形成跟踪调研，落实民主监督的工作流程。全程对共商共治项目进行公开，并由专人跟进协商成果落实情况。通过居民代表大会接受质询和群众满意度测评，实现协商成果效能由群众评议。三是形成“微公约”制度，实现居民自治。依托“三级”议事平台，在区域范围内达成各类专项“微公约”，形成约束体系，构建社区居民的“共同价值观”，以实现居民群众的自我管理、自我教育、自我服务和自我监督。以粮道街昙华林交通管控为例，昙华林社区通过街道提出《关于加强昙华林街区及周边交通控管的建议》，引起区委、区政府高度重视，责成区交通大队承办解决。昙华林社区联动武昌区交通大队在广泛征求居民意见，组织开展议事协商的基础上，确定了在景区管控时段将私家车迁出核心区，停放在指定停车场；通往昙华林景区的胭脂路，实施单边停车和货车限行；昙华林东段实施双向通行制，并在道路两边划定停车泊位等管控措施，有效缓解了交通压力，切实解决了交通拥堵问题。向下延伸社区自治单元，充分尊重社区协商共识。

二　形成了社会发展合力

发挥社会资源的联动、协同作用，是推进社会治理创新的重要内容。武昌区政府认识到社会资源助力社会发展的重要性，通过多方努力，武昌区整合了高校智力资源、政府部门的行政资源、社工人才资源、社会组织资源等各方面资源，有力提升了武昌区基层社会治理水平。

（一）整合高校资源

2014 年至今，武昌区政府与省民政厅和武汉大学、华中科技大学、华中师范大学等八所高校社会学系、社区建设研究中心和团委签订共建协议，建立了“实习、实务、实训”基地，在实施国家社区治理和服务创新实验区工作中，积极寻求上级部门的工作指导和高校人才智力资源，目前已组建了高校专家智库，打造了大学生公益人才、高校志愿者合作交流平台。尤其是通过与八所高校签订共建协议，高校将指导、帮助武昌区推进社区基层治理与服务创新、社会组织孵化基地能力建设，提供专业师资团队支持，建成武昌区高校专业培训基地，合作建成校区志愿者服务的长效机制。

材料：武昌区加大与华中师范大学合作

华中师范大学相关专业教师和学生为武昌区提供智力资源和人力资源，2014年年底，华中师范大学社会学院张大伟老师对社会组织如何孵化和开展服务进行一系列相关培训；2015年华中师范大学政治学研究院陈伟东教授到武昌区各个社区为社区工作者提供“开放空间会议技术”相关课程培训，对社区工作者进行专业培训，传授社区工作实务技巧和专业的技术、方法。

武昌区充分利用武汉市内丰富的高校资源，一方面加强与基层社会治理领域的专家学者合作，引入社会治理的先进理念和专业的技术、方法，推动社会治理水平的提升；另一方面，武昌区主动申请成为相关专业学生的实习基地，扩大社会治理的人才队伍，实现了学生、学校、社会等多方共赢。

（二）整合行政部门资源

政府着眼于提升政府基层社会治理能力水平，深化政府机构改革，整合职能部门力量，切实提高政府管理科学化水平。积极整合民政、老龄委、残联、社区教育学院等部门职能和资源，成立民政事务管理委员会，统筹和协调全区大民生工作，统筹全区治理及服务体系，加强全区社会组织管理工作等。进一步整合城管、园林、交通、环保、水务等执法资源，成立城市管理综合执法大队，实行统一集中综合执法。完善城建工作体系，将市政建设、园林绿化、市容环卫、道路地下管网等职能进行统一管理。积极推进市场综合监管体制改革，合并区工商、质监等市场监管职能，组建工商行政管理和技术监督局等，提升市场监管效能。

材料：

以黄鹤楼街花堤社区为例，社区内有一处午餐加工厂，居民投诉其油烟扰民，在改革之前，这个问题较长时间未得到解决，在改革之后，驻街道干部与网格员以及职能部门联合出击，各个职能部门联合上门3次，其中由网格员记录社区问题，驻街道干部带领团队，城管部门、工商局、环保局等职能部门共同工作，最终取缔该午餐加工厂，获得社区居民一致好评。

武昌区整合执法资源，破解以前各个执法部门相互推诿、扯皮的难题，把社区力量、街道办事处力量和区职能部门的力量整合到一起，实现了“劲往一处使”，提高了行政效率，解决了居民的难题，提升了居民幸福度。

（三）整合社工资源

专业社工具有贴近基层民众、直接服务百姓、连接政府与社会的巨大优势。专业社工在基层社区的作用体现在其专业性上，为民服务、为老服务等工作有其专业的工作方法和技巧。近年来，武昌区大力引进专业社工项目，积极开展社区服务。专业社工项目由区或者由街道出资进行项目策划和项目运行，项目涉及儿童、社区矫正人员、老人、失独家庭等特殊群体，为这些群体融入社会加力，以构建和谐社区。同时这在一定程度上为专业社会工作者在武昌区的发展做好了铺垫，将武昌区未来的基层社会治理引向更加专业化的方向，这将会使更多人看到社工发展前景，使更多的专业社会工作者投身于这项事业之中。

材料：

以粮道街社会工作服务中心为例，该中心于2015年成立，正在运作“协同善治”项目。项目以构建善治体系为目标，以社会治理理论为指导，通过社会工作专业工作手法，结合粮道街特色，以粮道街昙华林文化街区为核心，开展居民老旧物业自治、志愿者团队建设、社区文化品牌打造、社区增能等服务，建立以“教授督导+专业社工+社区持证社会工作者+实习学生+社区志愿者”为核心的服务模式，在坚持校地共建、专家把脉的同时，强调专业、重视参与，形成背靠政府、面向居民的运作方式，并以社区为平台、以社区组织为载体、以社会工作为支撑，搭建资源共享的平台，从而形成了多方协同、共同治理的创新模式。

武昌区着眼于专业社工的优势，购买大量的专业社工服务，在社区矫正、为老服务、弱势妇女帮扶等方面发挥巨大作用。现如今，武昌区已将专业社工纳入基层社区管理体系中，并且各个社区工作者也逐渐引向专业化和精英化，规范和完善社会工作者、志愿者登记和注册管理，通过强化社会工作培训，不断推进社会工作专业化、职业化、规范化建设。

（四）整合社区自治资源

通过“三社联动”“三方联动”深入推进构建群众协商参与机制。武昌区根据全区经济社会发展实际，合理确定武昌区社区协商内容，主要包括：社区基础设施、公共服务、物业服务、公益事业、居民活动、社团活动、邻里纠纷、集体经济开发、社区政策落实等问题。武昌区明确社区协商内容，强化网格服务，拓宽协商渠道，整合了社区自治资源，终结了社区居民自治“虚无”的状况，有效提升了社区自治水平。

材料：粮道街马道门小区成立自管会

马道门小区存在车辆乱停乱放现象，长期难以解决。首先由社工对社区范围内324户进行需求调研，78%同意成立自管会，后分别对小区内车辆进行登记。居民议事会分别召开了物业居民议事会、车辆管理居民议事会、车辆管理居民听证会，会议结束后由社区居民共同策划出停车位规划，这次居民议事会的策划方案使得车辆乱停乱放问题得到较好解决。本来社区内只有30个停车位，但有50—60辆车，明显供不应求。后经过办理停车证的方式，将非社区的车辆排除在外，达到供求平衡。

粮道街马道门小区自管会可以说是整合社区自治资源的一个产物，社工主动介入，了解居民需求，紧接着借助居民议事会的平台引导相关利益主体进行协商，最后引导居民行动起来，并成立自管会，解决了长期难以解决的乱停车难题，实现了小区自治。

（五）整合社会组织

武昌区社会组织依托区级、街道级社会组织孵化基地，基地为社会组织提供的主要资源有：免费的办公场所，资源连接（党、政、企、社、媒五方资源），财务托管、宣传，围绕着“组织培育、社会参与、资源连接、治理创新”四大目标，通过连接社会资源打造“政社、社企、校社、社社、社媒”五大平台来实现五大核心功能——“孵化组织、能力提升、开发项目、引领辐射、展示交流”，开发以社区为基础的支持性公益项目，培育社区社会组织。基地成立至今，共入驻47家社会组织。目前已经成立运行的社会组织服务人群主要集中于老人、残疾人和妇女儿童。在经过孵化基地一年多的运行后，武昌区成功评选出年度“十佳社会组织”，陈兰婚姻服务工作室、武昌区互帮助残中心、武昌区居民调解中心、武昌慈善总会等10家服务基层的社会组织入选。武昌民政事务管理委员会相关负责人认为，“十佳社会组织”是武昌区整合优势资源、发展公益事业的有益尝试，有利于筑牢武汉“幸福城市”底盘。

材料：“福（扶）您一把”慈善助老工程

武昌区“福（扶）您一把”慈善助老工程，由武昌区民政委和武昌慈善总会联合主办，着眼于老人生活需求细节，针对高龄老人“如厕难、易摔倒”这一普遍性问题，通过为其免费安装卫生间安全扶手、配备坐便椅和防滑垫的方式，有效地预防老年人在卫生间摔倒、摔伤，是一项体贴入微的关爱老人惠民工程。项目前期调研走访了多条街道的社区，抓取服务对象需求，针对不同面积、墙面安装了10多个样板间。项目拍摄宣传片，在湖北省慈善总会众筹平台上获得了广大爱心人士的大力支持，筹得善款10万元。项目实施对象为：户籍在武昌区的75岁以上高龄老人，在本人或其亲属有需求并主动要求的情况下，为其安装。优先帮扶残疾老人、失独老人、空巢老人及困难老人。项目于2016年9月正式启动，计划分阶段逐年推进，逐步达到武昌区75岁以上困难老人全覆盖。2016年投入善款25万元，由武昌慈善总会·香江鹏程慈善基金支持，共计免费安装安全扶手

2000个、坐便椅698个、防滑垫698个。该项目由武昌区多家社会组织承办具体安装事宜，在相关街道（社区）工作人员的引领下入户安装。确保施工质量优、服务态度好，同时宣传公益慈善理念，充分体现了社会组织助力公益慈善的武昌特色。

“福（扶）您一把”慈善助老工程是武昌区众多社会组织助力社会服务的一个案例，这些社会组织既有专业型的社会组织也有草根型的社会组织，专业型的社会组织带动社区社会组织，社区社会组织带动居民参与社区管理，为社区居民提供全方位的专业性服务，同时引导居民参与社区共治。近年来，武昌区以全国社区治理和服务创新实验区建设为契机，搭建政府推动社会组织和社会服务突破性发展的资源平台，致力于服务社会组织，社会组织造福了无数基层群众，被群众亲切地称为“最接地气的服务”。

三 提升居民的参与能力

要实现社会良性互动、推动多方协同共治，就要激发社会主体活力，充分调动公众力量参与社会建设。武昌区通过国家社区治理和服务创新实验区建设，创新了激发居民参与的意愿，创新了居民参与机制，居民参与社区治理的风气逐渐形成。

（一）创新居民的参与机制

针对涉及社区和群众切身利益的重要事项，在党组织领导下，武昌区引导社区参与主体在每个社区建立健全“社区党建联席会”和“社区议事会”，推行“四民”工作法，引导居民提出自治议题、开展协商讨论、进行民主决策和民主管理。同时搭建双工协会带动居民参与的平台，武昌区成立“社工+义工”（简称双工）协会，开通“武昌区社工与志愿者”微信公众平台，目前协会下属39个会员单位，拥有志愿服务队42支，社区志愿者3000余人，共开展“双工同路行”社会服务活动840余次，志愿服务总时长达3万之多，总受益人群高达53万之余。社区居民在享受志愿服务的同时也逐渐加入志愿服务之中，参与社区治理和服务。

（二）扩大居民参与渠道

武昌区通过整合基层整体性社会，不断提升居民的参与能力，扩大居民参与渠道。武昌区利用互联网思维，打造公众参与的互联网互动平台，政府通过互联网渠道为公众提供公共服务，居民通过互联网反映民声，参与社会治理，形成社会良性互动。“互联网+居民参与”，丰富了居民参与渠道，吸引了年轻群体特别是网民参与到基层社会治理和创新工作。

材料：徐家棚街水岸星城居民 E 家

福星惠誉地产作为水岸星城楼盘的开发商，有为居民服务的想法，以此提高其口碑，形成良好的宣传作用。在水岸星城社区开发了“寻常生活”手机 APP，这是一款为居民提供便民性、社会性、公共性的新型软件，其宣传口号：“手指划一划，服务就到家”，为居民提供政务咨询、投诉建议等服务，也为居民提供快递、消防、防盗等生活服务，居民有什么想法或者发现什么不文明现象都可以通过这个软件上传到网格员手中，网格员可迅速了解整个社区的情况，这是居民参与社会治理的新型方式。

网络参与是运用“互联网+”思维，引导居民参与基层社会治理的新途径，借助手机 APP、微信公众号、QQ 群等途径收集居民信息，同时提供政务咨询、投诉建议、便民服务等服务，形成了居民线上与线下相结合的参与模式。

（三）形成社区居民参与社会治理的氛围

受胭脂大院“组织居民自治”氛围的影响，武昌区制定出“以点带面推向居民自治”的推广路径，目前武昌区粮道街、中南路街等街道的一些小区已经开展了老旧物业自管实践，增强了邻里之间的信任，提高了社区居民的参与程度，挖掘了社区居民自治的潜力。

参考文献

一　论文

李德：《从“碎片化”到“整体性”：创新我国基层社会治理运行机制研究》，《吉林大学社会科学学报》2016 年第 5 期。

王向民：《碎片化政府是公共事件发生的重要因素》，《探索与争鸣》2013 年第 12 期。

陈伟东、尹浩：《“多予”到“放活”：中国城市社区发展新方向》，《社会主义研究》2014 年第 1 期。

陈伟东、吴恒同：《论城市社区治理的专业化道路》，《华中师范大学学报》（社会科学版）2015 年第 5 期。

陈伟东、许宝君：《社区治理社会化：一个分析框架》，《华中师范大学学报》（人文社会科学版）2017 年第 3 期。

郑晓茹、刘中起：《城市社区治理中权力秩序的重构：文件治理何以可为？》，《内蒙古社会科学》（汉文版）2017 年第 5 期。

赵媛：《社区居民参与中的政府角色定位——基于工具理性分析框架》，《西南农业大学学报》（社会科学版）2013 年第 10 期。

陈伟东：《居民主体性的培育：社区治理的方向与路径》，《社会主义研究》2017 年第 4 期。

张正州、田伟：《政社整合：城市社区自治组织的再造尝试——基于 XL 社区网格化管理服务改革实践》，《中共福建省委党校学报》2017 年第 9 期。

蔡建旺：《参与式社会治理的温州三重奏——基于社会组织的视角》，《中国民政》2014 年第 5 期。

程李华：《城市社区多元治理模式的构建》，《长白学刊》2013 年第 4 期。

蓝宇蕴：《转型社区的“总体性”组织及其破解》，《学术研究》2016 年第 11 期。

曹海军：《“三社联动”的社区治理与服务创新——基于治理结构与运行机制的探索》，《行政论坛》2017 年第 2 期。

付诚：《公民参与社区治理的经验与民主实现形式》，《社会科学战线》2015 年第 12 期。

张雷、张平：《提升社区治理中居民参与自治的动力研究》，《天津行政学院学报》2015 年第 3 期。

郑卫国：《发展城市基层民主与加强城市社区党组织建设》，《理论与改革》2010 年第 3 期。

雷火剑、卢春伶：《社区区域化党建：经验、问题与对策》，《理论导刊》2016 年第 7 期。

杨灿明：《创新县乡财政体制 增强公共服务功能——以湖北省为例》，《理论月刊》2005 年第 3 期。

陈纪瑜、张宇蕊：《条块分割与乡镇财政体制运行研究》，《求索》2006 年第 7 期。

邓雪琳：《改革开放以来中国政府职能转变的测量——基于国务院政府工作报告（1978—2015）的文本分析》，《中国行政管理》2015 年第 8 期。

刘巧艳：《新时期我国政府职能研究述评》，《四川理工学院学报》（社会科学版）2013 年第 1 期。

艾琳、王刚、张卫清：《由集中审批到集成服务——行政审批制度改革的路径选择与政务服务中心的发展趋势》，《中国行政管理》2013 年第 4 期。

李立国：《创新社会治理体制》，《求是》2013 年第 24 期。

陈天祥：《政府机构改革的价值逻辑——兼论大部制机构改革》，《中山大学学报》（社会科学版）2012 年第 2 期。

宋道雷：《国家治理的基层逻辑：社区治理的理论、阶段与模式》,《行政论坛》2017 年第 5 期。

孙涛:《当代中国社会治理精细化转型及路径探析》,《北京交通大学学报》(社会科学版) 2017 年第 4 期。

尹浩:《碎片化社区的多维整合机制研究》,《社会主义研究》2015 年第 5 期。

张康之:《走向服务型政府的“大部制”改革》,《中国行政管理》2013 第 5 期。

张琼、齐源:《互联网+社区治理:资源视角下虚拟社会管理能力研究》,《社科纵横》2016 年第 7 期。

杨贵华:《对当前我国社区民间组织建设的思考》,《科学社会主义》2005 年第 2 期。

金世斌、邱家林、吴江:《让社区回归自治本位——基于 N 市社区减负工作的调研与思考》,《南京社会科学》2017 年第 9 期。

卢学晖:《中国城市社区自治:政府主导的基层社会整合模式——基于国家自主性理论的视角》,《社会主义研究》2015 年第 3 期。

崔月琴:《新时期中国社会管理组织基础的变迁》,《福建论坛》(人文社会科学版) 2010 年第 11 期。

汪锦军:《政社良性互动的生成机制:中央政府、地方政府与社会自治的互动演进逻辑》,《浙江大学学报》(人文社会科学版) 2017 年第 5 期。

赵守飞、谢正富:《合作治理:中国城市社区治理的发展方向》,《河北学刊》2013 年第 3 期。

杨贵华:《社区居民自治与社区居委会建设若干问题探析》,《科学社会主义》2012 年第 3 期。

李思伦、冯成辰:《论业主委员会的法律地位》,《西南政法大学学报》2010 年第 2 期。

孔娜娜、王超兴:《社会组织参与突发事件治理的边界及其实现:基于类型和阶段的分析》,《社会主义研究》2016 年第 4 期。

张海:《承认视角下我国社会工作职业化发展的现状与趋势》,

《探索》2016 年第 5 期。

中共武汉市汉阳区委、武汉市汉阳区人民政府：《整合社区人力资源 深化基层公共服务》，《学习月刊》2010 年第 5 期。

田华、陈静波：《论社区公共服务供给中的多元化主体》，《云南行政学院学报》2007 年第 6 期。

王浦劬：《国家治理、政府治理和社会治理的基本含义及其相互关系辨析》，《社会学评论》2014 年第 3 期。

曾凡军、谭周琴：《整体性治理视域下的城市社区管理研究——以南宁市 Y 社区为个案》，《湖北社会科学》2013 年第 4 期。

王诗宗、宋程成：《独立抑或自主：中国社会组织特征问题重思》，《中国社会科学》2013 年第 5 期。

徐永祥、侯利文：《基层建设与社会治理：当前中国社会建设的两个命题》，《河北学刊》2015 年第 4 期。

夏志强、付亚男：《公共服务多元主体合作供给模式的缺陷与治理》，《上海行政学院学报》2013 年第 4 期。

王玉珍：《多维变动下社会治理模式的创新》，《南京社会科学》2006 年第 5 期。

陈伟东：《社会治理的基础在于增强社区自组织能力》，《中国民政》2015 年第 3 期。

陈伟东、张继军：《开放空间会议+：一套社会治理的体制机制》，《华中师范大学学报》（人文社会科学版）2016 年第 4 期。

二 著作

曾凡军：《基于整体性治理的政府组织协调机制研究》，武汉大学出版社 2013 年版。

周红云：《社会管理创新》，中央编译局出版社 2013 年版。

［美］加布里埃尔·A. 阿尔蒙德、小 G. 宾厄姆·鲍威尔：《比较政治学：体系、过程和政策》，曹沛霖等译，上海译文出版社 1987 年版。

［德］费迪南德·滕尼斯：《共同体与社会》，林荣远译，商务印

书馆 1999 年版。

夏建中、特里克拉克等：《社区社会组织发展模式研究》，中国社会出版社 2011 年版。

郑永年：《技术赋权：中国的互联网、国家与社会》，邱道隆译，东方出版社 2014 年版。

王名：《清华发展研究报告 2003：中国非政府公共部门》，清华大学出版社 2004 年版。

王浦劬、［美］莱斯特·M. 萨拉蒙：《政府向社会组织购买公共服务研究——中国与全球经验分析》，北京大学出版社 2010 年版。

胡祥：《城市社区治理的热点问题研究》，中国地质大学出版社 2009 年版。

许义萍、李惠凤：《社区合作治理实证研究》，中国社会出版社 2009 年版。

张静：《基层政权：乡村制度诸问题》，浙江人民出版社 2000 年版。

张俊芳：《中国城市社区的组织与管理》，东南大学出版社 2004 年版。

吴志华、瞿桂平：《大都市社区治理研究：以上海为例》，复旦大学出版社 2008 年版。

陈伟东等：《中国和谐社区——江汉模式》，中国社会出版社 2010 年版。

［美］B. 盖伊·彼得斯：《政府未来的治理模式》，吴爱明、夏宏图译，中国人民大学出版社 2014 年版。

张宝峰：《现代城市社区治理结构研究》，中国社会出版社 2006 年版。

李强：《当代中国社会分层流动》，中国经济出版社 1993 年版。

林尚立：《社区民主与治理》，社会科学文献出版社 2004 年版。

许和隆：《冲突域互动转型社会政治发展中的制度与文化》，中山大学出版社 2007 年版。

后　　记

2016年3月，武汉市武昌区民政委以项目形式委托华中师范大学（湖北）城市社区建设研究中心（以下简称“中心”），参与武昌区社区建设状况的调查，并提炼近年来武昌社区治理和服务创新的经验，以及为未来社区发展提供一些建议和指导。武昌区是第二批全国社区治理和服务创新试验区。在实验期内，采取了多种措施加强和创新基层社区治理，其中有很多值得政界和学界共同借鉴的经验。中心欣然接受了这项课题，中心主任陈伟东教授团队迅速成立了专项课题组。经过课题组多次讨论，最终确定了课题的基本思路和推进的技术路线。

2016年4月25日至5月4日，课题组进行了深度调研。课题组分成3组，共调研30个点，涉及武昌区社会组织孵化基地、街道行政服务中心、部分行政部门、多个社区、典型社会组织和社区社会组织等。期间，武昌区民政委和课题组进行了多次讨论，并传送了很多有益的资料。如近年来武昌区社区治理的工作总结、十大社区治理创新奖、社区治理现场推进会简介等。2016年5月6日至30日，课题组分类整理所收集的资料，并认真对资料进行了分析。根据武昌区近年来的典型做法，课题组将其提炼为“整体性治理模式”。之后，课题组与武昌区民政委交换了意见，他们很认可这种提法，并对细节问题进行了补充。2016年6月初至7月底，课题组撰写了《武昌区社区治理和服务创新经验报告》，并多次修改。2016年8月初至12月底，课题组在前期研究的基础上，撰写了此书。之后，根据专家组和武昌区民政委的意见，课题组又进行了几次修改和校对。

本书是一项集体成果。中心十余位师生参与了实地调查、信息采集和数据处理工作，他们分别是陈伟东、张必春、许宝君、吴岚波、马爱菊、杨欣欣、梅雪、韩璐、周娜。陈伟东教授负责拟定写作大纲、并负责第一章、第二章的修改；张必春副教授负责统筹写作进度，并负责第三章、第四章和第五章的修改；许宝君负责基础信息和基本数据的处理，完成第一章总论的撰写，并负责统稿；杨欣欣负责第二章的撰写；梅雪负责第三章的撰写；马爱菊负责第四章的撰写；吴岚波、韩璐负责第五章的撰写；许宝君、周娜负责全书校对。

此书不仅仅是武昌社区治理的经验集成，也希望能为全国其他地方提供一些可借鉴的经验。由于笔者的水平和能力有限，本书虽几经修改，仍不免存在许多疏漏、不妥之处，敬请读者批评指正！

武昌区社区治理创新课题组

2017 年 10 月于武昌桂子山